逆境に
打ち勝った社長
100の言葉

真山知幸

彩図社

はじめに

どんなに成功した経営者にも、ピンチは等しく訪れる。

ヒット商品が突然、市場で通用しなくなった、資金繰りがうまくいかず倒産の危機に陥った、経営方針をめぐって社内で対立し、社員の信頼を失った……。偉大な経営者たちもまた、そんな逆境に何度も直面している。

だが、逆境に追い込まれたときにこそ、経営者の真価が発揮される。名経営者たちはピンチに直面し、失敗を繰り返し、挫折を経験しながらも、厳しい現実に立ち向かった。諦めなかった。そうして、自らの手で成功をつかみとったのである。

本書には収めたのはそんな、逆境に打ち勝った社長たちの熱い言葉だ。各章・各項目は独立しているので、冒頭から順番に読む必要はない。気になる項目からぜひ読んでいただきたい。困難な時代を生きる私たちに、先人たちが勇気を与えてくれるはずである。

２０２４年12月　真山知幸

逆境に打ち勝った社長100の言葉◆目次

第1章　苦境を越える言葉

第2章　発想を変える言葉

第3章　人を奮い立たせる言葉

第4章　成功をつかむ言葉

第5章　己を信じる言葉

第1章　苦境を越える言葉

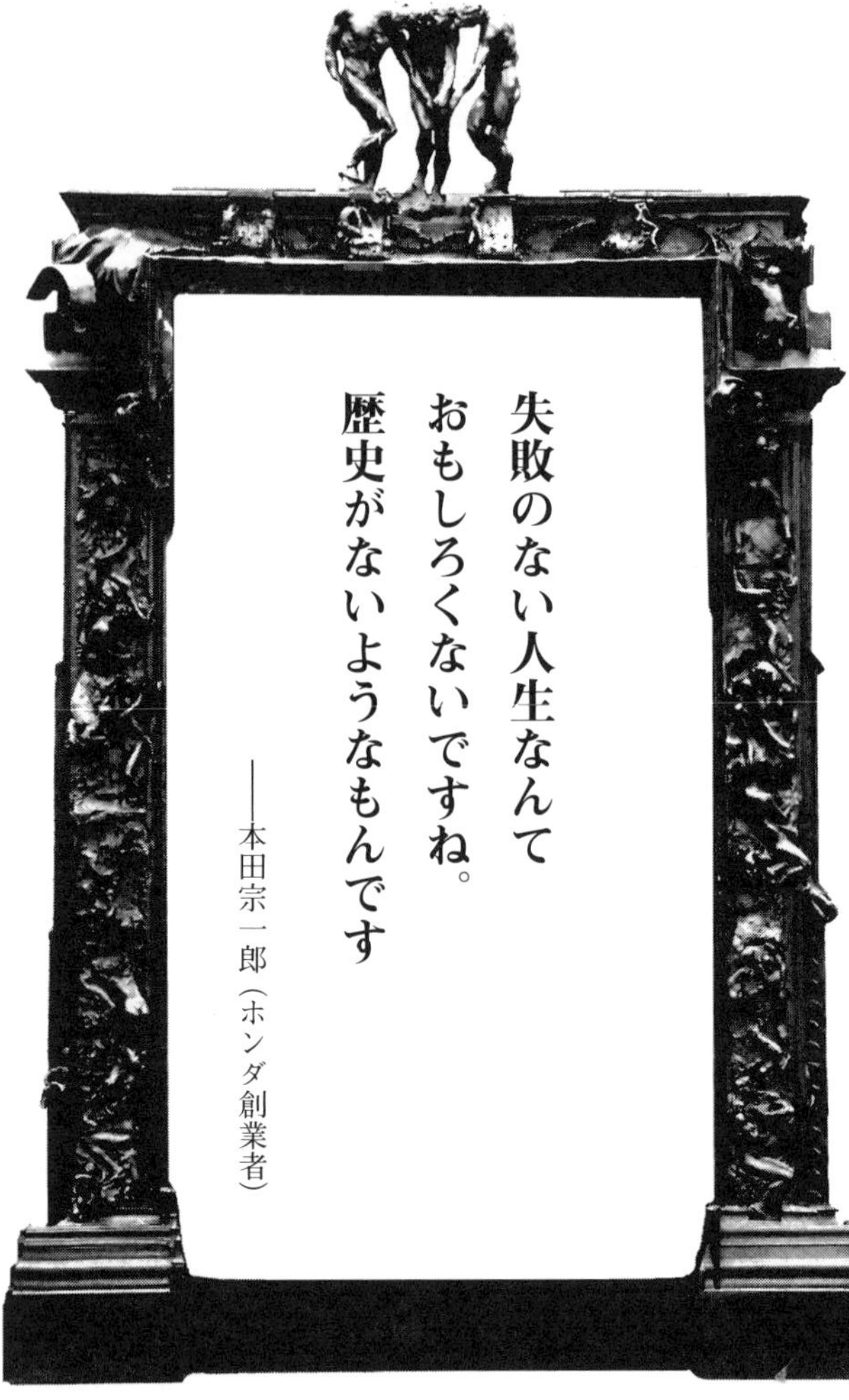

失敗のない人生なんて
おもしろくないですね。
歴史がないようなもんです

——本田宗一郎（ホンダ創業者）

本田宗一郎が独立したのは、22歳のとき。勤務先から見込まれて、自動車修理工場の浜松支店を開業したのが、経営者人生のスタートだった。

初めこそ従業員はわずか一人だったが、宗一郎の修理の腕はピカイチで、やがて注文が殺到。工員は50人に増え、25歳になる頃には、若き成功者として高級車を乗り回し、芸者と豪遊する生活を送った。

順風満帆だったが、宗一郎には「修理するだけではなく、自動車を生産したい」という夢があった。

だが、28歳で工場を閉鎖して新会社を設立すると人生が一転。エンジンの部品であるピストンリングをうまく作ることができず、資金繰りに苦しんだ。貯金も底をついた宗一郎だったが、学校に改めて通って学んだ結果、ピストンリングの製造に成功。商品化に漕ぎ着け、息を吹き返すことになる。

大きな失敗から、大きな成功をつかんで「世界のホンダ」を築き上げた宗一郎らしい言葉。

順調な時ほど危機が訪れる

――安藤百福《ももふく》（日清食品創業者）

世界で初めてインスタントラーメンを開発した安藤百福《ももふく》。この言葉には、安藤自身の経験が色濃く反映されている。

22歳で起業した百福は、繊維業、住宅販売業、精密機械・航空機関係、栄養剤の開発、食品産業と多岐にわたる事業を行ってきた。若者の就職支援のための学校を作るなど、社会貢献も行い、地元の名士として知られるようになっていた。

しかし、理事長を引き受けた信用組合の破綻によって、人生は急降下。預金集めに加担した責任を問われ、百福は財産をすべて失ってしまったのである。

順風満帆な人生から一転してどん底に落ちた百福。だが、もしこの失敗がなければ、インスタントラーメンもカップラーメンも生まれなかっただろう。再起をかけて47歳の百福が挑んだのが、「チキンラーメンの開発」だった。

思わぬ急落から、急上昇することもある。大切なのは人生を諦めないこと。

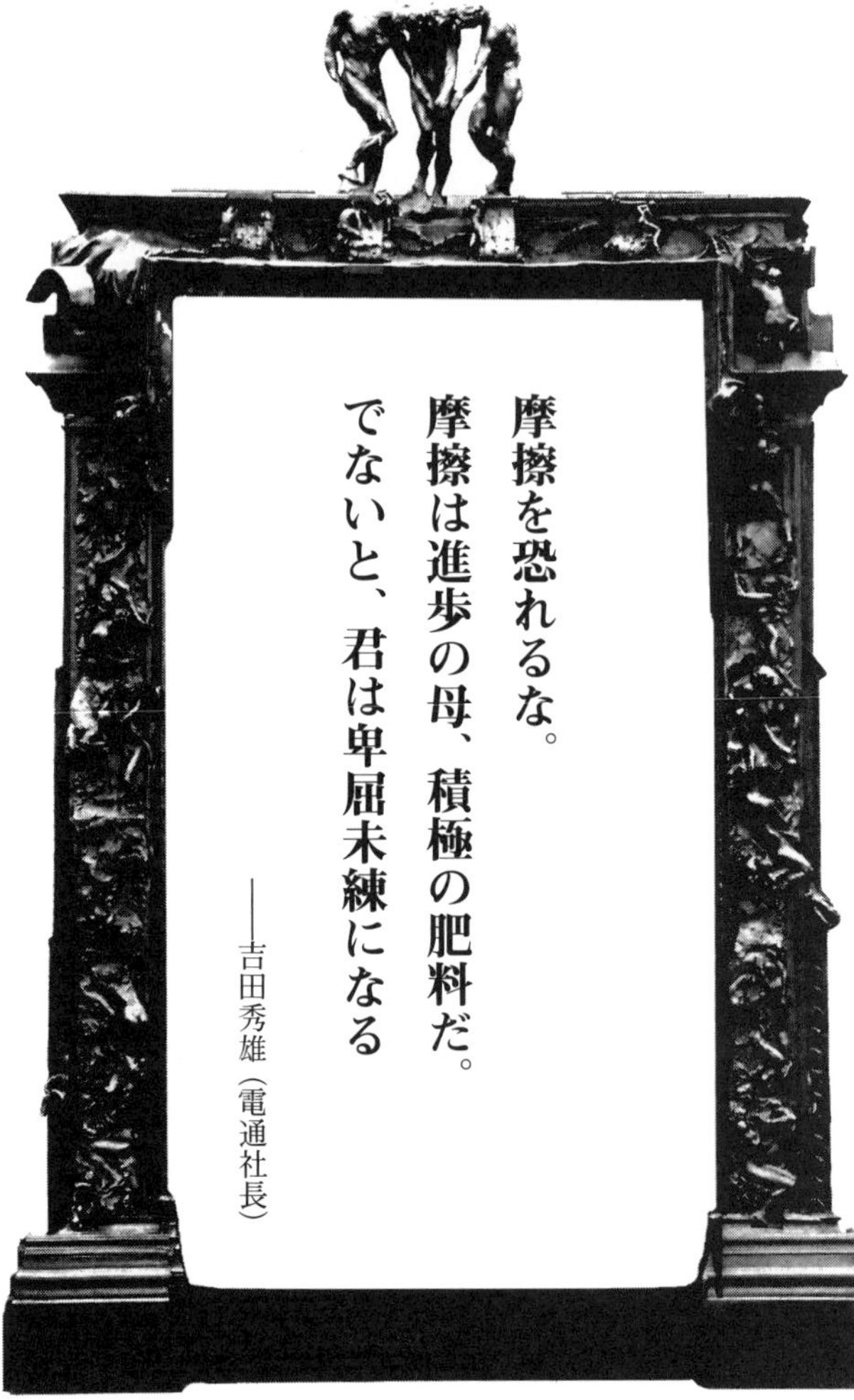

摩擦を恐れるな。
摩擦は進歩の母、積極の肥料だ。
でないと、君は卑屈未練になる

——吉田秀雄（電通社長）

「広告の鬼」と呼ばれた吉田秀雄は1903年、福岡県で生まれた。

秀雄が10歳のときに、職を求めて台湾に渡った父が高圧線の事故で死亡。新聞配達で家計を支えながら、貧しい幼少時代を送った。吉田家に養子に入ってからは物資には恵まれたが、義母からは冷たくされることもあったという。

東京帝国大学経済学部を卒業した年は、経済不況で就職難の真っ只中。それでも22歳で結婚してすでに妻子持ちだった秀雄は、高倍率の選考を勝ち抜いて、電通の前身である日本電報通信社へと入社することができた。

営業部の地方内勤課から出世を続けた吉田。38歳で常務取締役になり、43歳のときに電通の第4代目・代表取締役社長に就任を果たした。

民間放送の育成、広告取引の適正化に尽力した吉田の言葉がこれだ。

今とは比較にならないほど広告業界の地位が低かった時代。吉田は摩擦をむしろ歓迎しながら、世界的な広告企業として電通を育て上げていった。

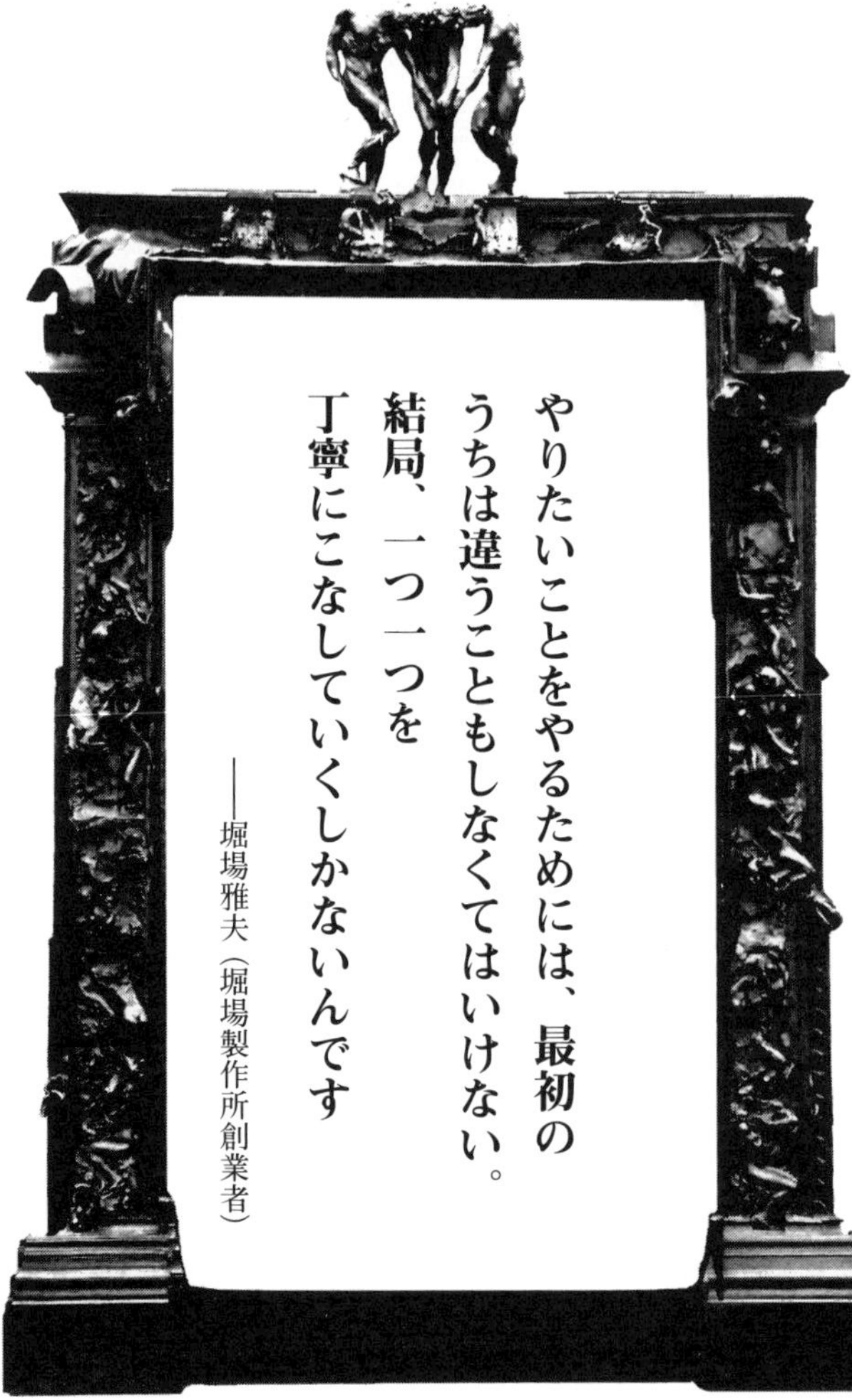

やりたいことをやるためには、最初の
うちは違うこともしなくてはいけない。
結局、一つ一つを
丁寧にこなしていくしかないんです

——堀場雅夫（堀場製作所創業者）

堀場雅夫は１９２４年、京都市生まれの元祖学生ベンチャー社長。ガラス電極式ｐＨメーターの開発に国内で初めて成功した。

小学４年生のときに小児リウマチを患って外で遊べなくなると、模型飛行機作りに没頭した。しばらくして病は治り、京都大学の物理学科へ進学。研究者を志すが、戦争によって、設備がことごとく破壊されてしまったため、諦めざるを得なかった。

時間を持て余した堀場によって在学中に創業されたのが、堀場無線研究所（後の堀場製作所）である。同研究所は、今でこそ分析機器の世界トップメーカーとして業界をリードしているが、創業当時はインフレに苦しめられ、また数多くある部品のそれぞれをうまく機能させることに苦心したという。

当時の苦労を思い出して、堀場が語った言葉がこれだ。

「おもしろおかしく！」をモットーにする堀場だが、それは簡単には物事を投げ出さなかったからこそ、たどり着いた境地なのだろう。

事業が古くなるとその五割は失敗する

——鹿島《かじま》守《もり》之《の》助《すけ》（鹿島建設社長）

鹿島建設の中興の祖と称される鹿島守之助《かじまもりのすけ》が、その経営に参画したのは、40歳のときのこと。それまでは外交官として、ドイツやイタリアの日本大使館で勤務していた。

外務大臣になることを目標にしていたが、ヨーロッパへの船上で、鹿島組（現：鹿島建設）２代目組長にあたる鹿島精一と偶然の出会いを果たしたことで運命が変わる。精一に見込まれて31歳で娘婿となり、後継者として期待をかけられたのだ。守之助は１９３８年に鹿島組に入社し、２年後には社長に就任した。

長い歴史を持つ鹿島組だったが、守之助が起用されたときには、赤字経営に陥っていた。再建の重責を担った守之助は赤字経営の原因を分析し、得た結論の一つがこの言葉である。

とはいえ、何でも新しくすれば良いわけではない。守之助は、守るべき伝統は変わらず受け継ぐ一方で、科学的な施工技術を導入。業界を牽引する総合建築会社へと発展させることに成功した。

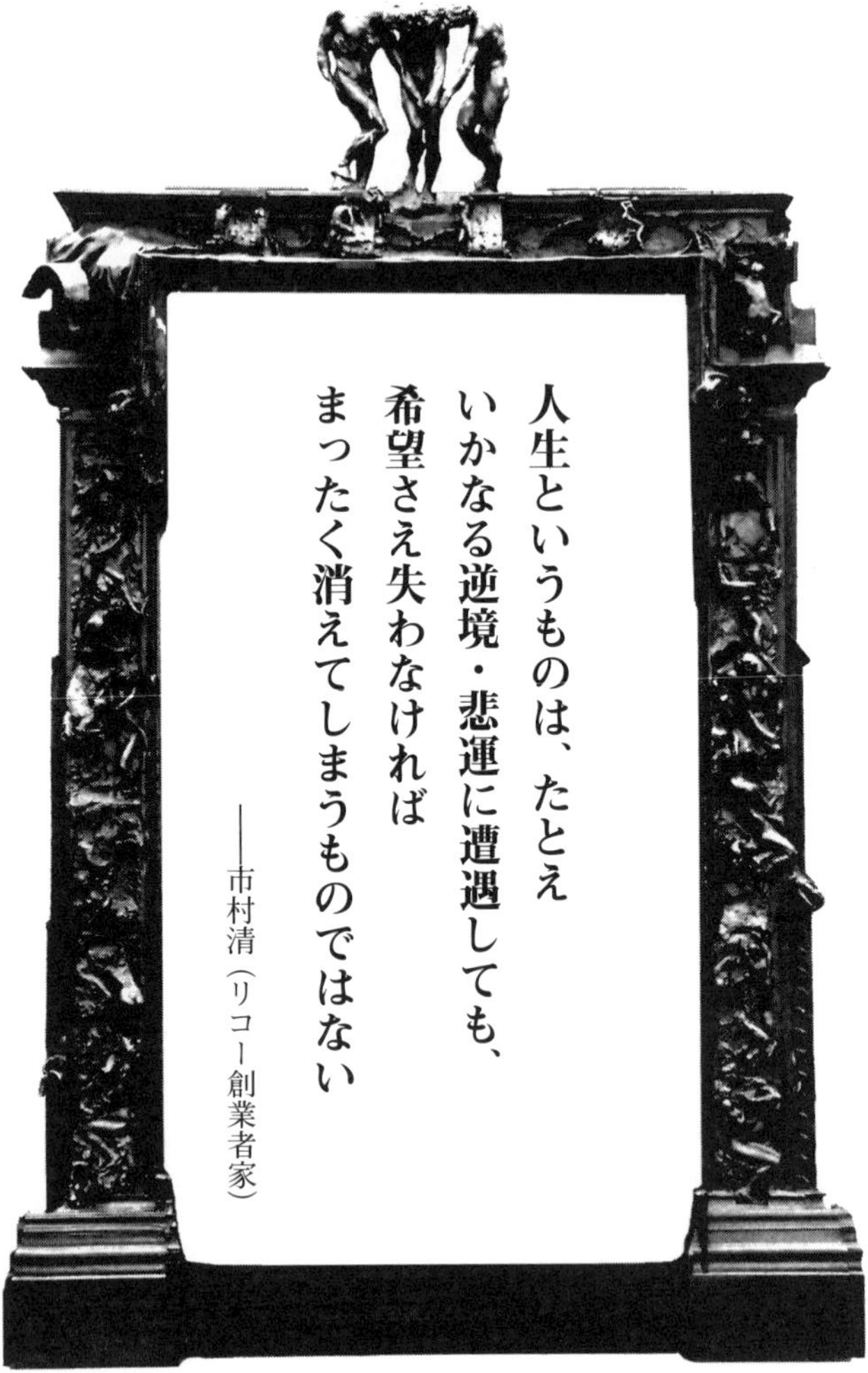

人生というものは、たとえ
いかなる逆境・悲運に遭遇しても、
希望さえ失わなければ
まったく消えてしまうものではない

——市村清（リコー創業者家）

リコーの創業者・市村清は元保険外交員だった。根っからの営業マンで、営業成績は優秀そのもの。知人から発明されたばかりの理研感光紙の販売の話を持ちかけられたのも、その営業力に一目が置かれたからである。

市村は保険外交員を辞めると「理研感光紙九州総代理店」の看板を掲げて、陽画感光紙を売りまくった。それは本社に評判が届くほどで、理研から請われて感光紙部長として入社することになった。

だが、本社で市村を待っていたのは、理不尽な冷遇であった。抜擢に対するやっかみである。市村は社内の誰もが目さえも合わせてくれない状況に、一切の仕事を放棄するという大胆な手法で上層部を動かし、また対立しても臆することなく意見を述べ続けて、その存在感を認めさせた。

１９３６年には、感光紙部門だけを独立させた「理研感光紙株式会社」の社長に就任。２年後に「理研光学工業」に改称され、これが後にリコーとなった。

悲運を嘆かずに次々と壁を突破した、市村による勇気が出る言葉。

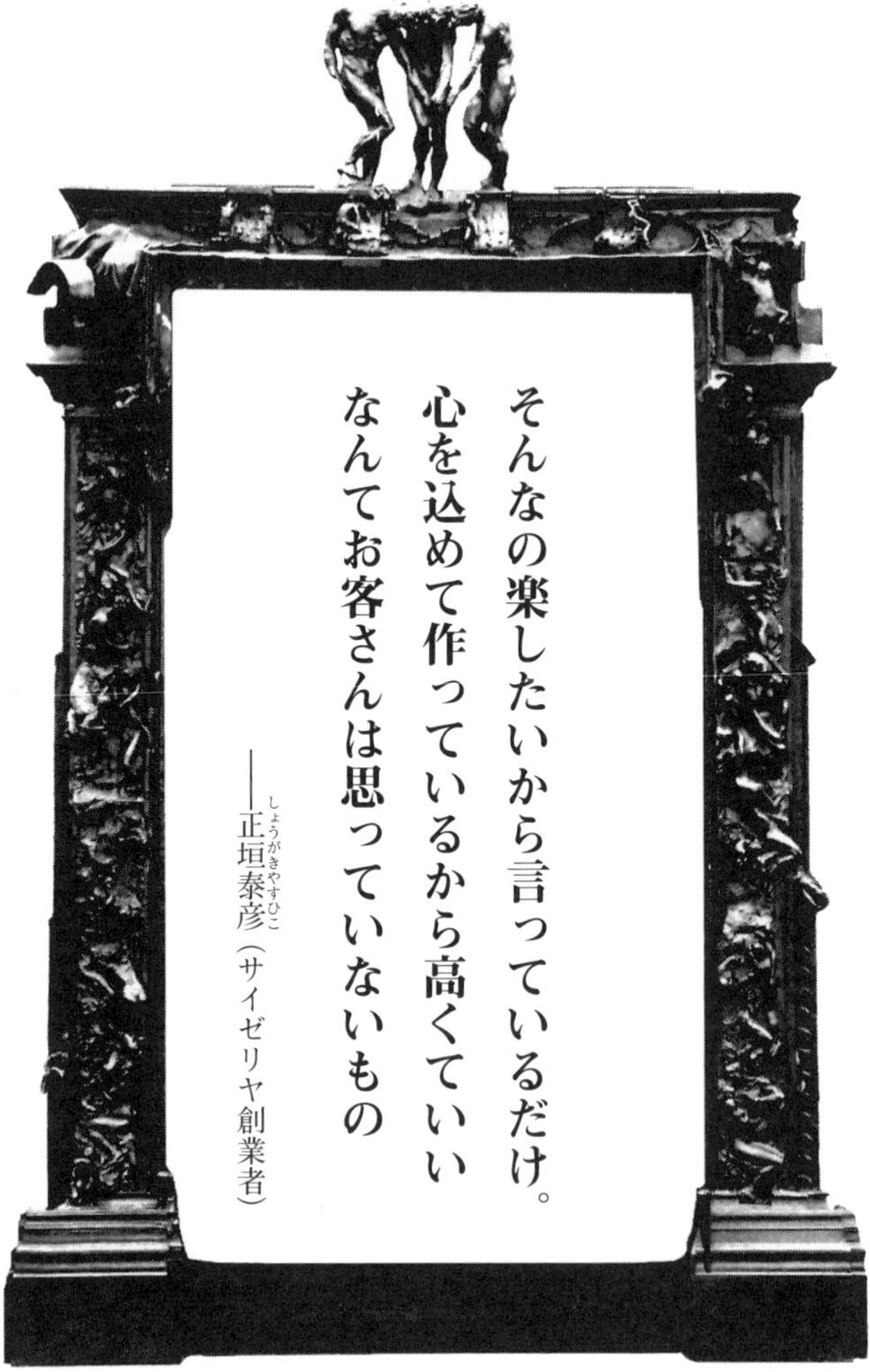

そんなの楽したいから言っているだけ。
心を込めて作っているから高くていい
なんてお客さんは思っていないもの

——正垣《しょうがき》泰彦《やすひこ》（サイゼリヤ創業者）

正垣泰彦《しょうがきやすひこ》は東京理科大学在学中に、レストラン「サイゼリヤ」を開業。今でこそ国内で１０００店舗を超えるチェーン店だが、起業時は36席からのスタートだった。

しかし、店内でのケンカによってストーブが倒れて店は全焼。開店からたった7カ月後の惨事に正垣は大きなショックを受けた。

だが、これを機に業態の見直しを行うことを決意する。普通ならば好調な他店を参考にするところだが、正垣は食材消費量を調査。世界規模でみると、トマト・チーズ・スパゲティの消費が伸びていたことから、イタリア店として再オープンすることにした。それでも客足が芳しくないので、低価格メニューを打ち出したところ、お客が殺到。飛躍的に店舗数を拡大させることに成功した。

５割引、それでもダメならば7割引……と、どんどん値下げした結果、スパゲティを１５０~２００円の価格帯で提供したこともあった。極端な低価格路線に対する飲食業界からの批判に対して、正垣が答えた言葉がこれだ。

言い訳せずにとことん顧客のニーズに応える。それこそが経営努力ではないだろうか。

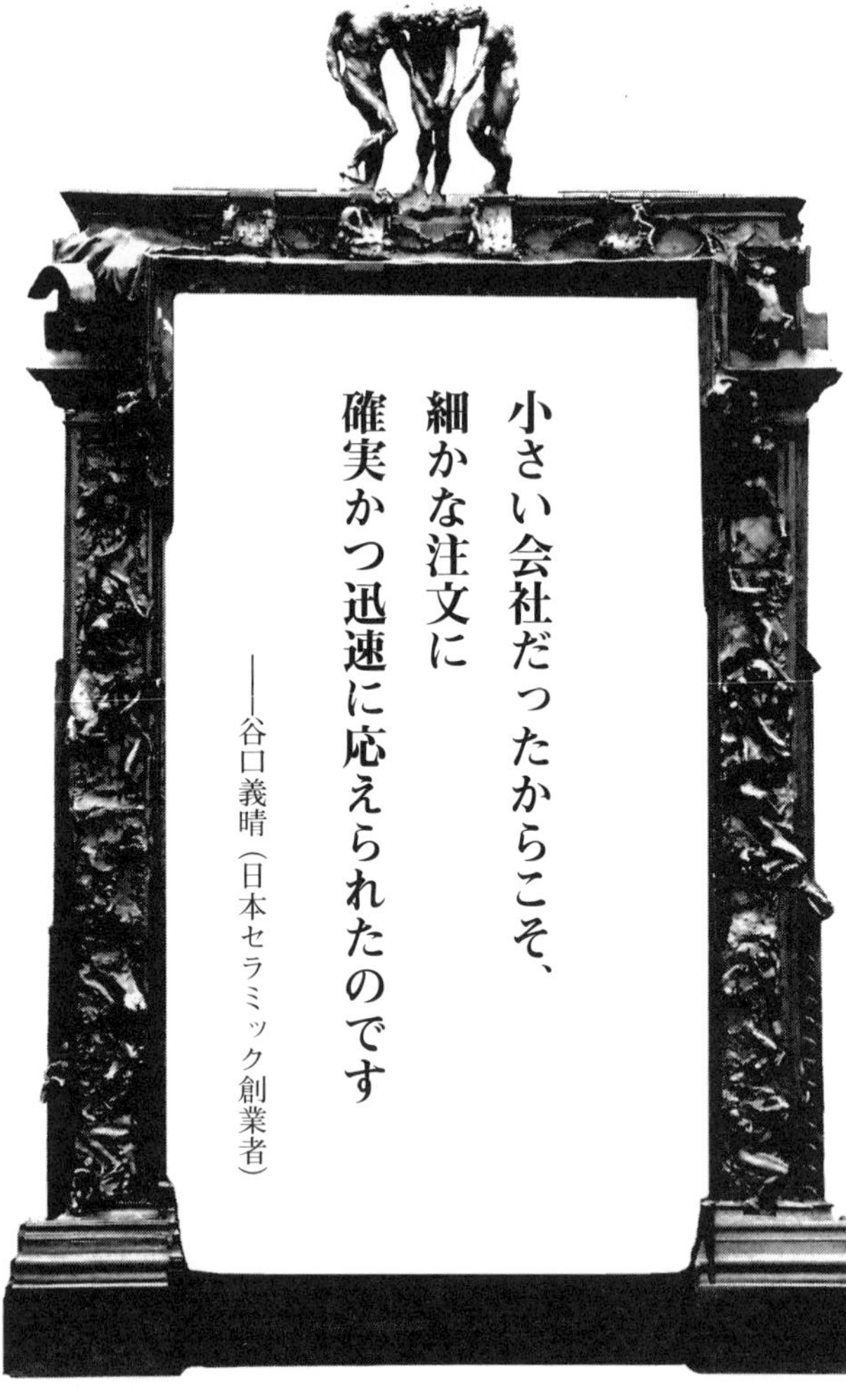

小さい会社だったからこそ、
細かな注文に
確実かつ迅速に応えられたのです

——谷口義晴（日本セラミック創業者）

谷口義晴は１９３６年、兵庫県生まれの日本セラミック創業者。

立命館大学を卒業後、鳥取県の電子部品会社に技術者として入社したが、オイルショックにより業績が悪化してしまう。38歳のときに上司から辞職を促されて、部下４人と退社。心機一転、日本セラミックを立ち上げて、セラミックス技術を応用したセンサーの開発と製造を行った。

だが、製造設備のための融資を銀行から断られ、資金は底をついた。社員に全く給料を出せない状態だったが、超音波センサーを応用したテレビのリモコンでヒットを飛ばす。さらに、谷口が40歳のときには、精度の高い防犯センサーを開発し、新たな商品への需要を掘り起こすことに成功した。

ある日、大手警備会社が工場のある鳥取までやってくると、谷口はその場ですぐに要望を聞いて、徹夜で商品を作成させた。翌日に確認してもらい、商談を成立させた。

この素早い対応について、谷口が語った言葉がこれである。

防犯センサーを開発した当初は、聞いたこともない会社というだけで、製品すらまともに見てもらえなかった。小さい会社がゆえの苦労もしてきたが、小さな会社だからこそその強みを最大限に生かすことで、利益を拡大させることができた。

人生は一歩一歩順を追って前進す

——安田善次郎（安田財閥創業者）

安田財閥の創業者・安田善次郎は、明治新政府が発足すると、すぐさま金融業に乗り出して、第三国立銀行、第四十一国立銀行、安田銀行などを創立。さらに両毛《りょうもう》鉄道や帝国ホテルの発起人になり、１８９３年には帝国海上保険会社（現：損保ジャパン）を設立している。

まさに縦横無尽に財界を泳ぎ渡り、たった一代で安田財閥を築いた。

その成功の原点は、20歳で奉公した両替屋である。江戸時代において、両替屋は強盗の格好のターゲットであり、誰もやりたがらない仕事だった。だが、安田は奉公してから6年後には、リスクを承知で、自ら両替屋を日本橋人形町で開店した。

強盗に襲われることもあったが、他店のように休業することはなかった。意地でも店を開け続けたことで、幕末の混乱期に大きな資産を稼ぎ出しただけではなく、幕府からも信頼される両替商へと成り上がることができた。

成功するには理由がある。華麗なる跳躍の裏には、地味で入念な助走があることを忘れてはならない。

絶対にできるはずだ。
私の舌があの味を覚えている

——鳥羽博道（ドトールコーヒー創業者）

１９９０年代後半から日本ではカフェブームが巻き起こった。今では街にカフェチェーン店が溢れているが、ブームの中心となったのが、ドトールコーヒーである。

創業者の鳥羽博道は１９６２年、小さなコーヒー焙煎業の会社を設立。従業員は２名、八畳一間の部屋からのスタートだった。地道にコーヒー豆の売り込みを続けて、喫茶店の開業資金７００万円を調達するが、詐欺師に騙し取られてしまう。紆余曲折を経て、原宿にドトール第1店舗をオープンさせたのは、１９８０年のこと。

一杯１５０円でおいしいコーヒーが飲めると評判になったが、鳥羽がこだわったのはコーヒーだけではない。ヨーロッパ視察旅行のときにドイツの屋台で食べて感動したフランクフルトの味。それを再現するべく、国内で選び抜いたソーセージの会社とタッグを組み、肉の比率など細かい注文をつけながら、最高級のジャーマンドックを提供することに執念を燃やした。

当初は本場のドイツからソーセージを輸入する予定だったが、ドイツ側の輸出の制限によって断念。それでも諦めなかった鳥羽の言葉がこれだ。

壁にぶつかったとき、諦めずに試行錯誤を繰り返せば、こだわりは必ず報われる。

オレは世界一になれる。
いや、世界一になるしかないやんか

――塚本幸一（ワコール創業者）

太平洋戦争では、多くの人の命が失われたが、３万人超の日本兵が死亡した「インパール作戦」は、そのなかでも歴史的な敗戦と言えるだろう。なかには55人のうち3人しか生き残らなかった部隊さえあった。

生き残った3人のうちの1人が、ワコールの創業者である塚本幸一だ。

復員後、塚本はハンドバッグやアクセサリーなどの行商を行った。やがて自分の妻の体で型紙をとりながら、ブラジャーやガーターベルトを開発。女性のユーザーに大喜びされて、飛ぶように売れた。

しかし、冬になると寒さから洋装下着は敬遠されてしまい、再び和服が重宝されるようになる。在庫ばかりが増えていき、ついには資金難に陥った。

だが、そのとき、塚本の頭のなかには50年計画が立てられていた。そこには海外進出のみならず、世界制覇を成し遂げる最終目標まで掲げられていた。苦境のなか、塚本はこんなことを考えていた。

「もしオレが、運良く50年計画をやりきったら、オレは世界一になれる。いや、世界一になるしかないやんか」

ワコールが世界に誇る下着メーカーに成長できたのは、大きなビジョンがあったからこそだった。

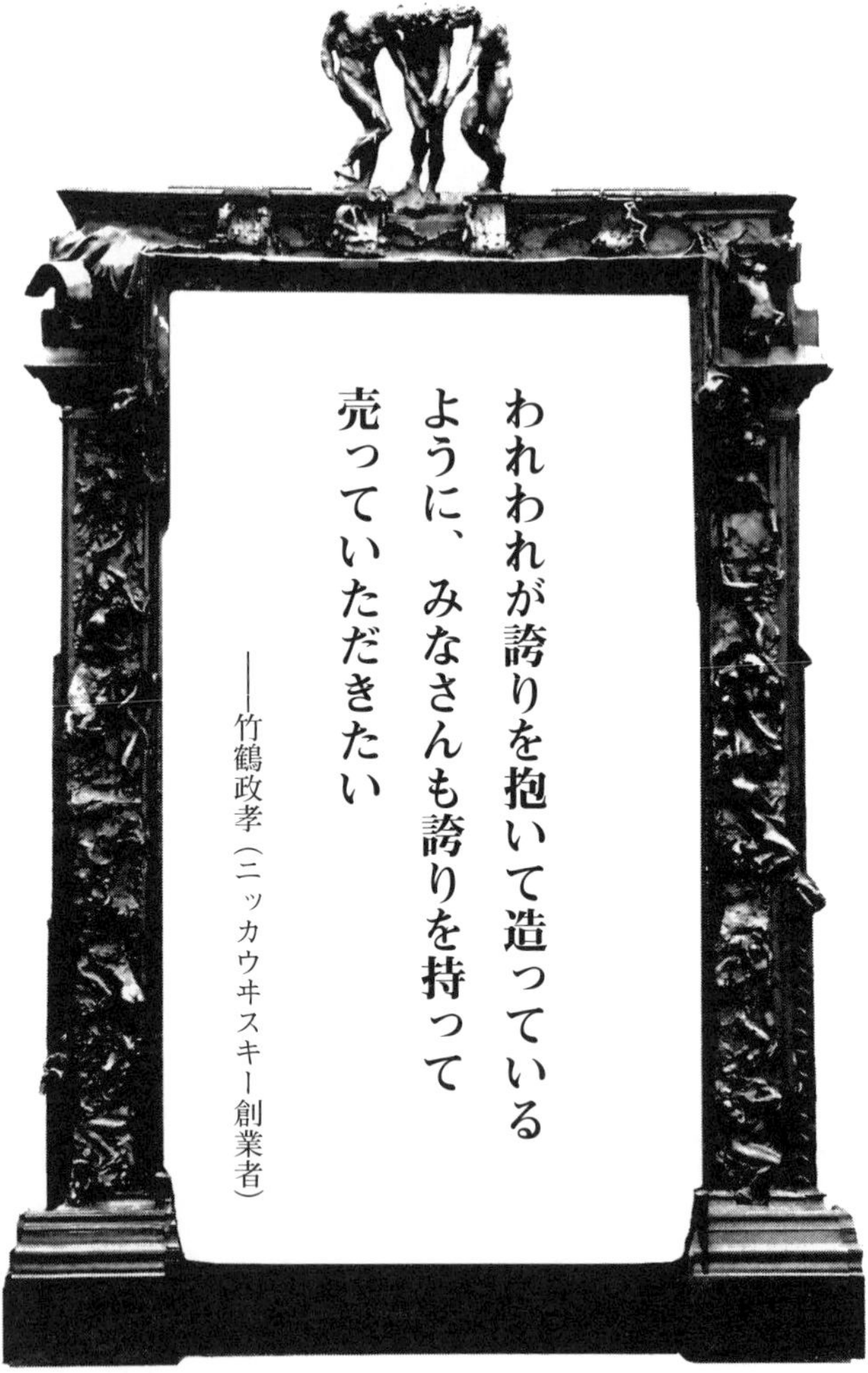

われわれが誇りを抱いて造っている
ように、みなさんも誇りを持って
売っていただきたい

——竹鶴政孝（ニッカウヰスキー創業者）

竹鶴政孝は１８９４年、広島県の造り酒屋に生まれた。家業を継ぐため大阪高等工業学校で醸造について学んだが、竹鶴の関心は洋酒へと向かった。洋酒業界の摂津酒造に入社しただけでは満足できず、スコットランドへの留学を決意。実習先の蒸溜所でしごかれながら、ウイスキーづくりに没頭した。

40歳で独立した竹鶴は創業から6年目、オリジナルウイスキーとして、「日果（ニッカ）」ブランドを誕生させる。

だが、売れるのは他社の安いイミテーションウイスキー（原酒を使わず、アルコールに色や香料をつけた模造酒）ばかり。品質にこだわった竹鶴のウイスキーは値段が高くて売れなかった。危機感を持った営業担当者が大きな取引先を宴席に招待すると、その席で竹鶴はこう言い放った。

「これを売れないとおっしゃるなら止めていただいて結構。これからも扱っていただけるのであれば、なぜわが社のものが容量が少なくて値段が高いのか、それをよく認識してもらいたい」

関係者が唖然とするなか後に続けたのが、この言葉である。突き放された取引先は、かえって竹鶴を信頼したという。

ピンチに陥ったときにどう振る舞うか――。そこに人間の器量が表れる。

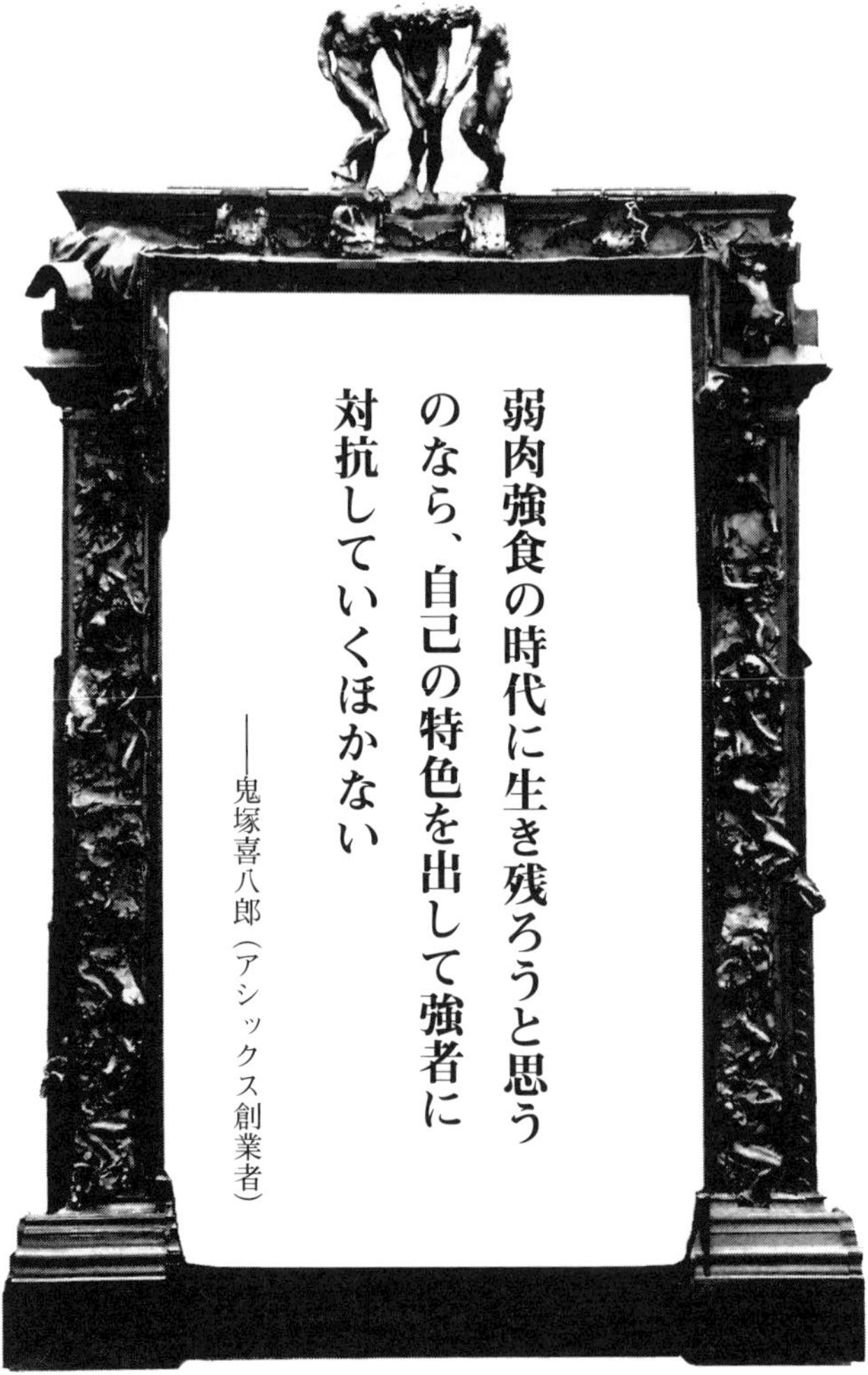

弱肉強食の時代に生き残ろうと思うのなら、自己の特色を出して強者に対抗していくほかない

——鬼塚喜八郎（アシックス創業者）

鬼塚喜八郎は１９１８年、鳥取県に生まれたアシックスの創業者。

戦後、若者が非行に走る姿を見て心を痛めた鬼塚は、スポーツを通して青少年の育成を図ることを決意。31歳のときにアシックスの前身となる鬼塚株式会社を興して、裸足でスポーツをしていた少年少女たちに、スポーツシューズを浸透させた。

資金不足で会社が傾きかけたのは、１９６４年のこと。インフレ抑圧のため銀行の貸出がストップしたことが原因だったが、そうでなくても副社長の無謀な事業の多角化によって、資金繰りが悪化していた。

まさに「泣きっ面に蜂」の状態だったが、鬼塚は副社長を平社員へと降格させた。そして、スポーツシューズメーカーとしての事業に特化して原点回帰を図った結果、東京オリンピックの追い風を受けて、業績を上向かせることに成功した。

選択と集中によって、苦境から脱した鬼塚の言葉がこれだ。鬼塚は「志を持った人は、土壇場に強い。困難にブチ当たっても倒れない」とも言っている。

これからは
もう何があっても信念を曲げない

——藤田晋《すすむ》（サイバーエージェント創業者）

藤田晋《すすむ》は１９７３年、福井県生まれのサイバーエージェントの創業者。

青山学院大学経営学部を卒業後、総合人材サービス会社のインテリジェンスに勤務した。インターネットの総合サービス企業として、サイバーエージェントを起業したのは１９９８年、24歳のとき。さらに、設立からわずか2年で、東京証券取引所新興企業市場（マザーズ）に上場し、マスコミから大きく注目された。

しかし、上場と同時にネットバブルが崩壊。株価が暴落し、株主から嵐のようなバッシングを受ける。さらに買収の危機にも晒された。株価対策にも万策つきて、ノイローゼになりかけたとき、楽天・三木谷社長から出資を受けたことで、切り抜けることができた。

数カ月後、藤田はなんとか決算までに黒字を確保しようとしていたが、三木谷からは「いいよ、そんなの。もっと中長期の経営を目指しているんだろ？だったら、自分の信念を貫けよ」と励ましの言葉を受けた。決意を新たにした藤田が胸に刻んだのが、この言葉である。

藤田の信念とは「21世紀を代表する会社をつくる」ことだという。先行投資してきた動画配信サービス「ABEMA（アベマ）」は赤字が急減し、いよいよ収穫期に入ろうとしている。挑戦はまだ始まったばかりだ。

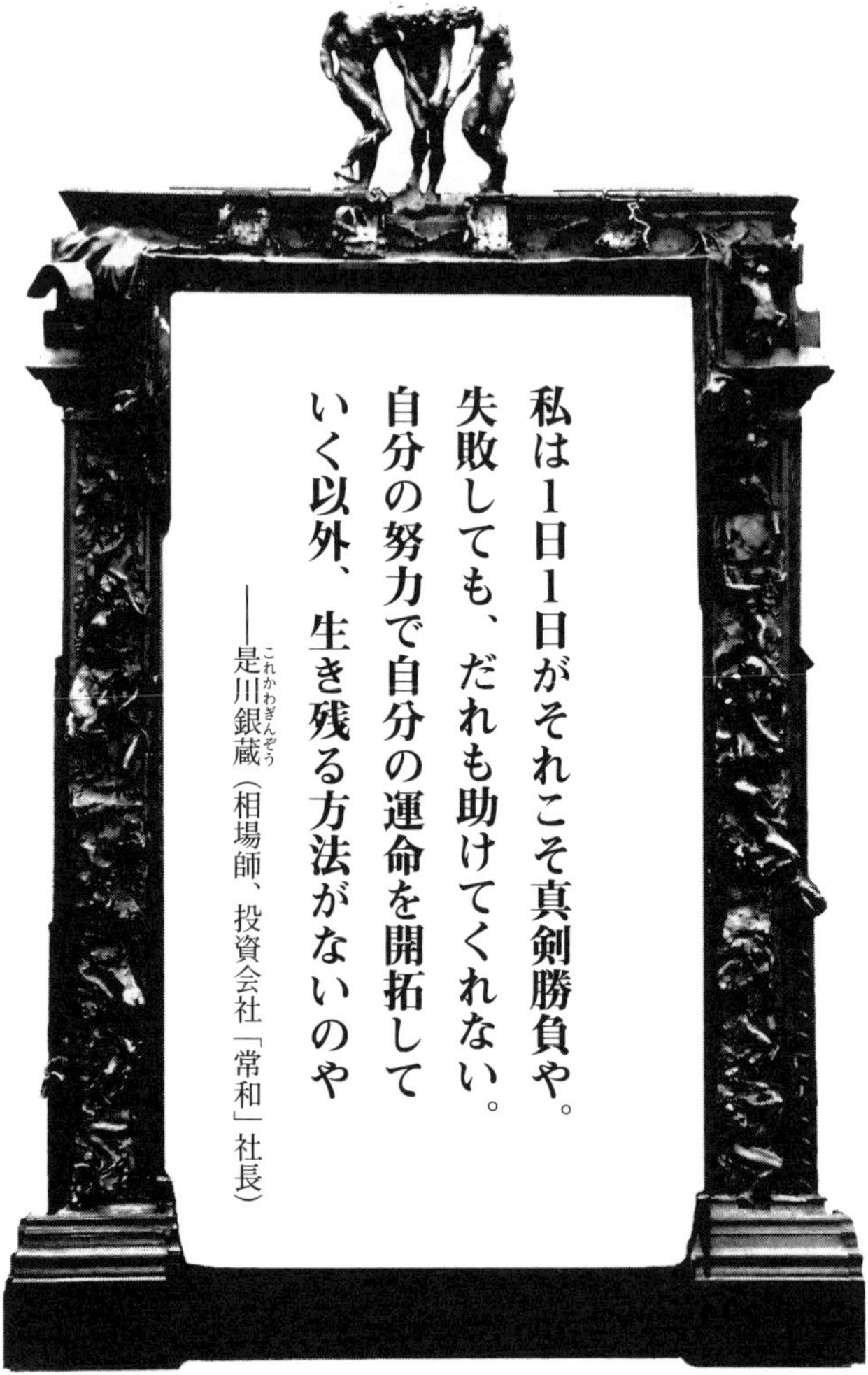

私は1日1日がそれこそ真剣勝負や。失敗しても、だれも助けてくれない。自分の努力で自分の運命を開拓していく以外、生き残る方法がないのや

——是川《これかわ》銀蔵《ぎんぞう》（相場師、投資会社「常和」社長）

是川銀蔵《これかわぎんぞう》は1897年、兵庫県生まれの相場師にして、常和の社長。

貧しい家庭に生まれ、小学校を卒業すると神戸の貿易商へ奉公に出されるが、奉公先が倒産。16歳で中国に渡って青島守備軍《チンタオ》の御用商人となるも、贈賄容疑で逮捕されてしまい、無一文で帰国することになる。

関東大震災が起きると、是川はトタン板を買占めて、バラック建設用のトタンとして転売。10倍以上の値段で売ったため、大儲けとなったが、金融恐慌によって取引銀行が倒産。またも無一文になるという波乱万丈な人生を送った。

貧窮のどん底のなか、是川は図書館に3年間通いつめて経済を猛勉強。やがて株式投資に目覚めると、日本セメントや同和鉱業などの株売買で、大成功と大失敗を経験。1981年から82年にかけての住友金属鉱山株の買い占めでは200億円の利益を上げて、一躍、長者番付日本一に踊り出たこともあった。

常に変化を愛して「最後の相場師」と言われた男の言葉がこれだ。日々の努力の積み重ねこそが、人生を生き抜く力となる。

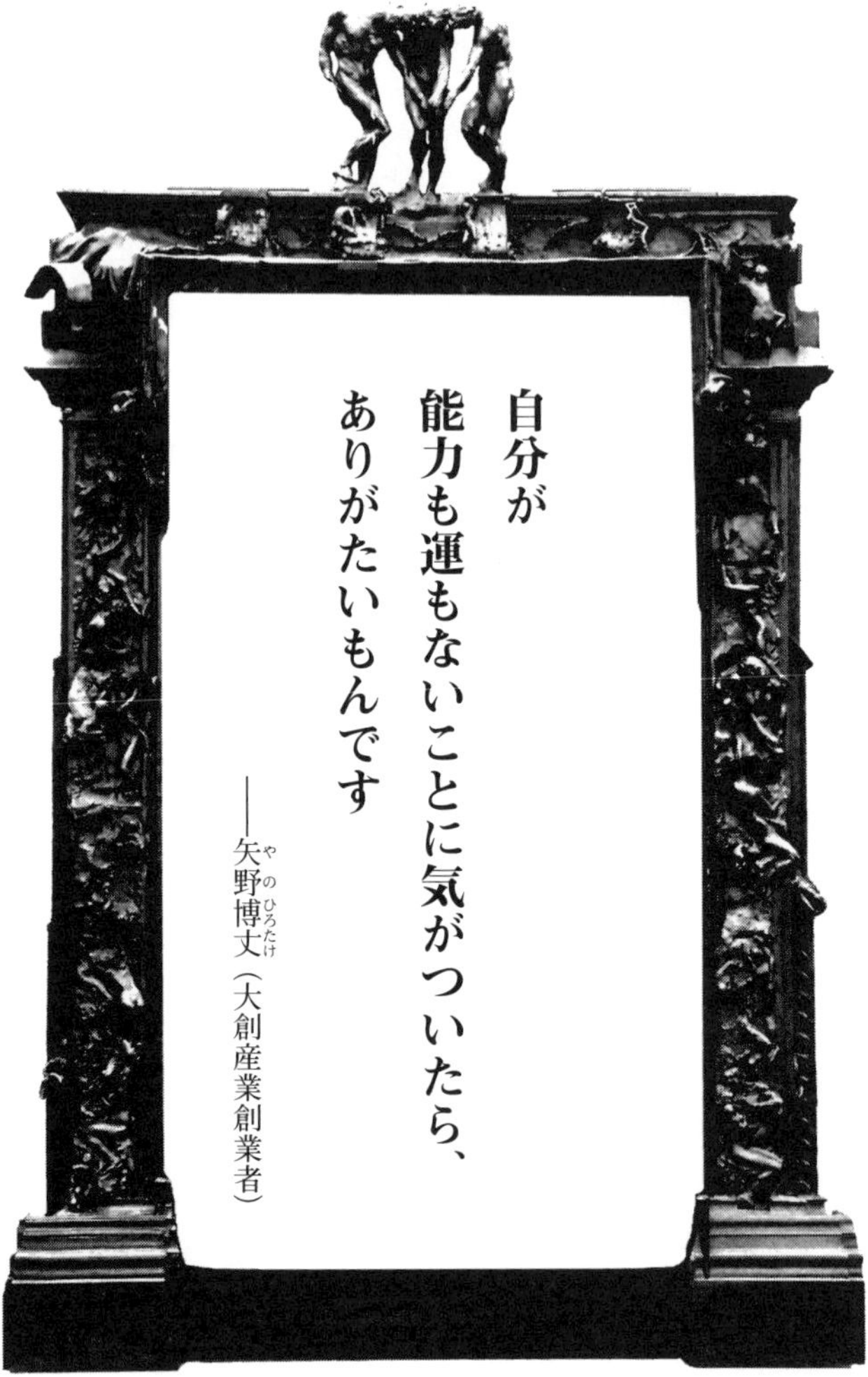

自分が
能力も運もないことに気がついたら、
ありがたいもんです

——矢《や》野《の》博丈《ひろたけ》（大創産業創業者）

1943年、広島県に生まれた矢野博丈《やのひろたけ》は、「100円SHOPダイソー」を全国に展開する、大創産業創業者。その人生は、まさに苦難の連続だった。

中央大学在籍中に学生結婚をし、卒業後は妻の家業であるフグ・ハマチ養殖の事業を継ぐ。しかし、多額の負債を抱えてしまい、トラックで夜逃げ。以後は百科事典のセールスから、ちり紙交換やボウリング場の管理など、転職を繰り返した。

自らの手で商売を始めたのは1972年、30歳頃のこと。当初は雑貨をトラックで移動販売するというスタイルで、値段はすべて100円に均一。安いながらも少しでも高品質な商品をと、原価をギリギリまで上げることもあった。

だが、商品の評判が上がってきたときに、倉庫を放火されるという事件が起きる。失望のなか、矢野は被害を逃れた商品をかき集めて、ダメ元で大手スーパーに掛け合ったところ、初の常設店舗となる「100円SHOPダイソー」の開業へとこぎつけた。

40歳頃には、社員たちが別会社を作ろうとするというトラブルも発生。倒産の恐怖から何日間も褐色の小便が出続けたという矢野の言葉がこれだ。

絶望を知ってもなお、いや、絶望を知るからこそ、自分の進むべき道を見誤らずに歩くことができる。

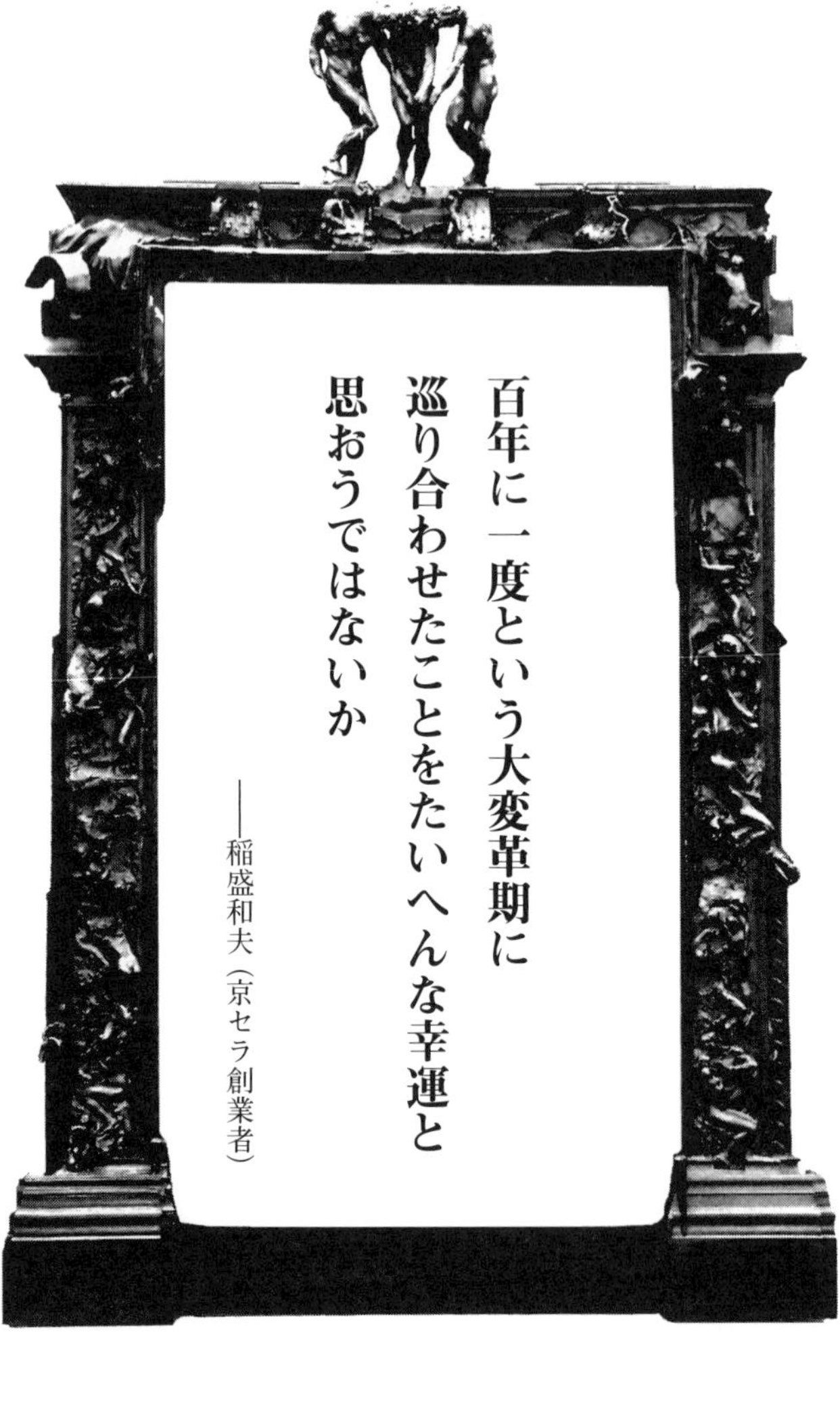

百年に一度という大変革期に
巡り合わせたことをたいへんな幸運と
思おうではないか

——稲盛和夫（京セラ創業者）

いつの時代も就職の悩みは尽きないが、京セラの創業者・稲盛和夫も、就職活動には苦労させられた。

大学卒業後、鹿児島から東京や大阪の企業を受けても内定には至らず、何とか決まった碍子《がいし》製造会社に入社した。同期がみな辞めてしまうような労働環境だったが、稲盛はとどまり、特殊磁器ニューセラミックを担当。その経験が、27歳での京セラ創業へとつながった。

京セラが世界クラスの一流企業となった後も、稲盛の挑戦は続いた。

１９８５年、電気通信事業法の施行により、電気通信事業の自由化が実現すると、稲盛は参入を表明。回線をつなぐ場所さえ確保できておらず、周囲から無謀だと言われるなか、稲盛が従業員に飛ばした檄がこれである。さらに、「このチャンスを大事にして、成功に向けて一丸となって燃えよう」と続けた。

その結果、2年4カ月で回線を開通させることに成功。現場のモチベーションを上げることで、異業種の壁を乗り越えた。

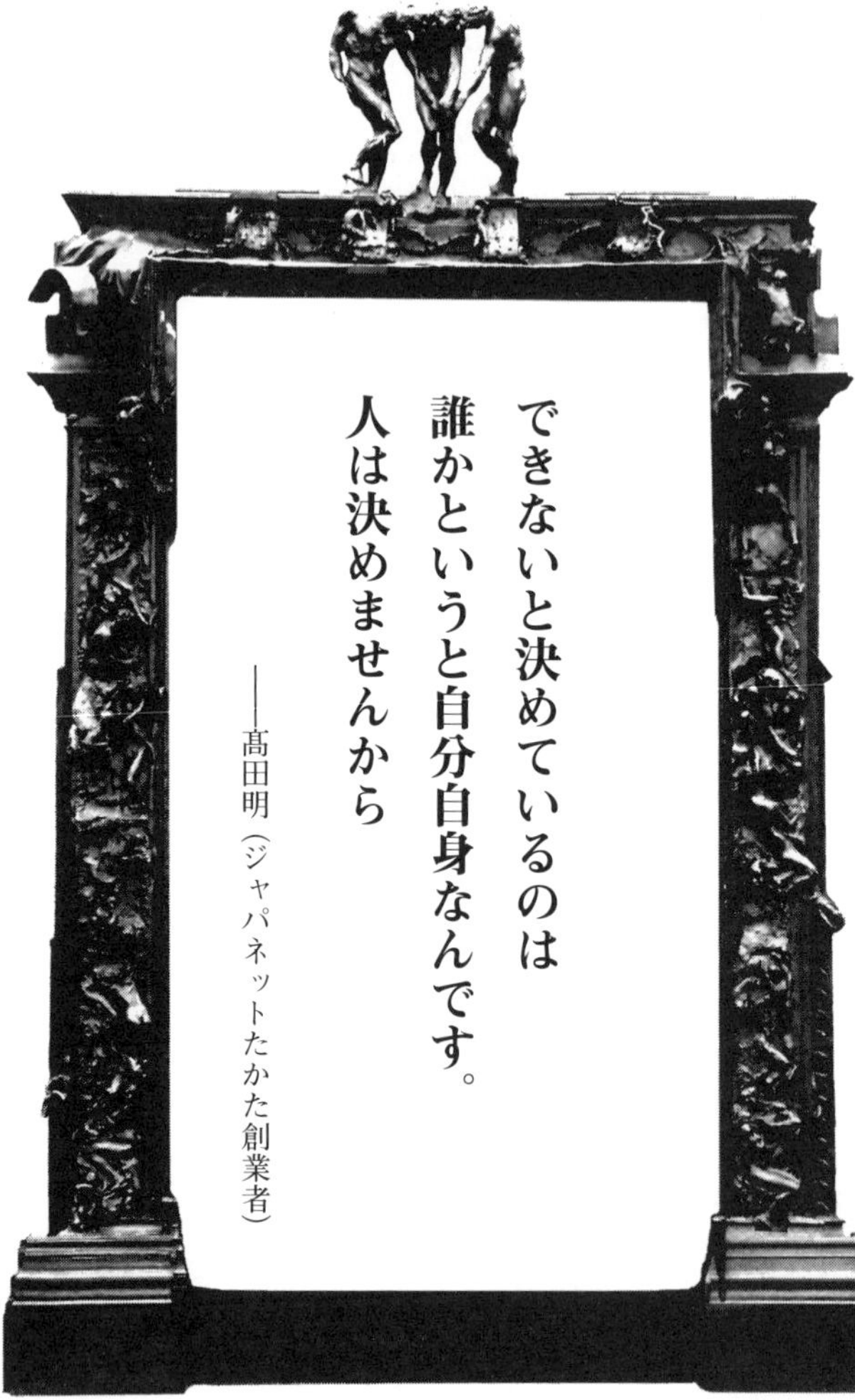

できないと決めているのは
誰かというと自分自身なんです。
人は決めませんから

——高田明（ジャパネットたかた創業者）

テレビ通販番組に自ら出演して、巧みな話術で商品を売りまくる――。

ジャパネットたかたの髙田明は、社長としては異例のメディア露出度で有名になったが、大学卒業時には、英語を生かせる仕事を希望していた。

阪村《さかむら》機械製作所に入社し、２年目には欧州駐在の夢が叶う。友人に翻訳会社の立ち上げに誘われて会社は３年で退職。結局、起業の話はうやむやになり、髙田は家業のカメラ店を手伝い始める。待っていても客が来ないと、ホテルの宴会場に出向いて宿泊客を撮影し、翌日にその写真を売る手法で利益を上げた。

髙田が佐世保で株式会社たかたを設立したのは38歳のとき。１９９０年から開始したラジオ通販で、コンパクトカメラが５分で50台も売れた経験から、髙田はメディアの持つ影響力の大きさを知った。

その４年後には、テレビ通販事業に参入。自らのＰＲで売り上げを伸ばすと、新商品発売と放送日のタイムラグをなくすために、自社専用の本格テレビスタジオまで完備させている。

普段は人見知りすることもあり、家で自分が出ている番組が流れるとチャンネルを替えるという髙田。仕事の向き不向きについて語った言葉がこれだ。この後に「まず自分ができると信じること」と続けた。

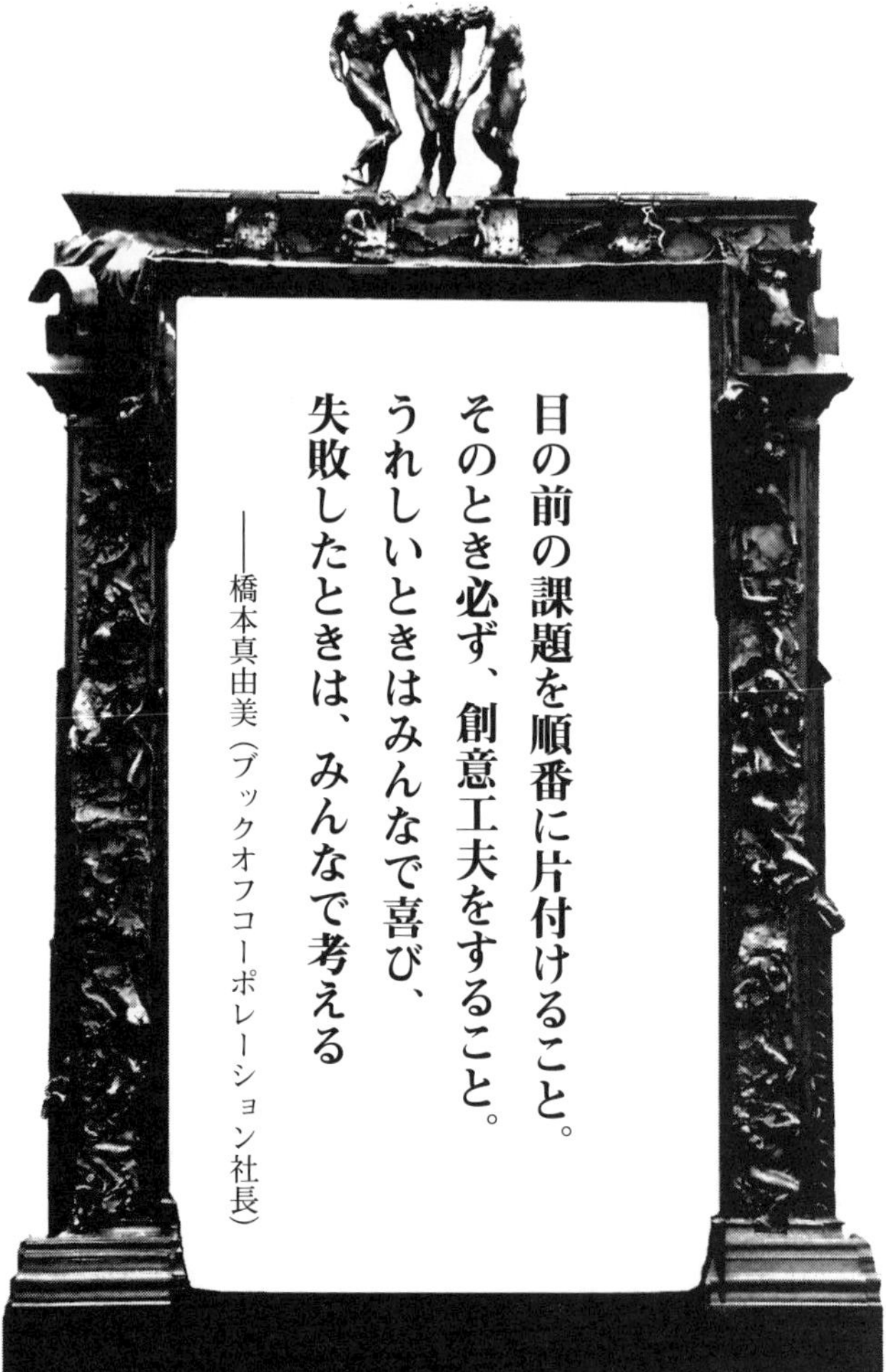

目の前の課題を順番に片付けること。
そのとき必ず、創意工夫をすること。
うれしいときはみんなで喜び、
失敗したときは、みんなで考える

——橋本真由美（ブックオフコーポレーション社長）

橋本真由美は１９４９年、福井県生まれのブックオフコーポレーションの元社長。

林業を営む両親に育てられ、短大卒業後は栄養士として病院などで働くが、結婚を機に専業主婦として18年間過ごす。

１９９０年、ブックオフ1号店が神奈川県で開業すると、オープニングスタッフの募集に応募。パートとして勤務を開始したのが、すべての始まりだった。16年にわたる現場経験が買われて、創業者・坂本孝から社長へと抜擢されると、マスコミに大々的に取り上げられた。

店のスタッフがみんなで声を出す「やまびこ」や、棚に何冊か同じ本が溜まったら、すぐに１００円のコーナーに移す「ところてん」など、ブックオフの基本を作り上げた橋本。初めて店長を任せられた2号店では、売り上げが日に日に減少し、閉店が噂されたこともあった。しかし補充の徹底などスタッフの意識改革によって、巻き返しに成功した。

従業員のモチベーションを上げることに腐心した橋本の言葉がこれだ。

誰一人として孤立させることなく、チームで喜び、チームで悩む。良い雰囲気はお客にも伝わっていくことだろう。

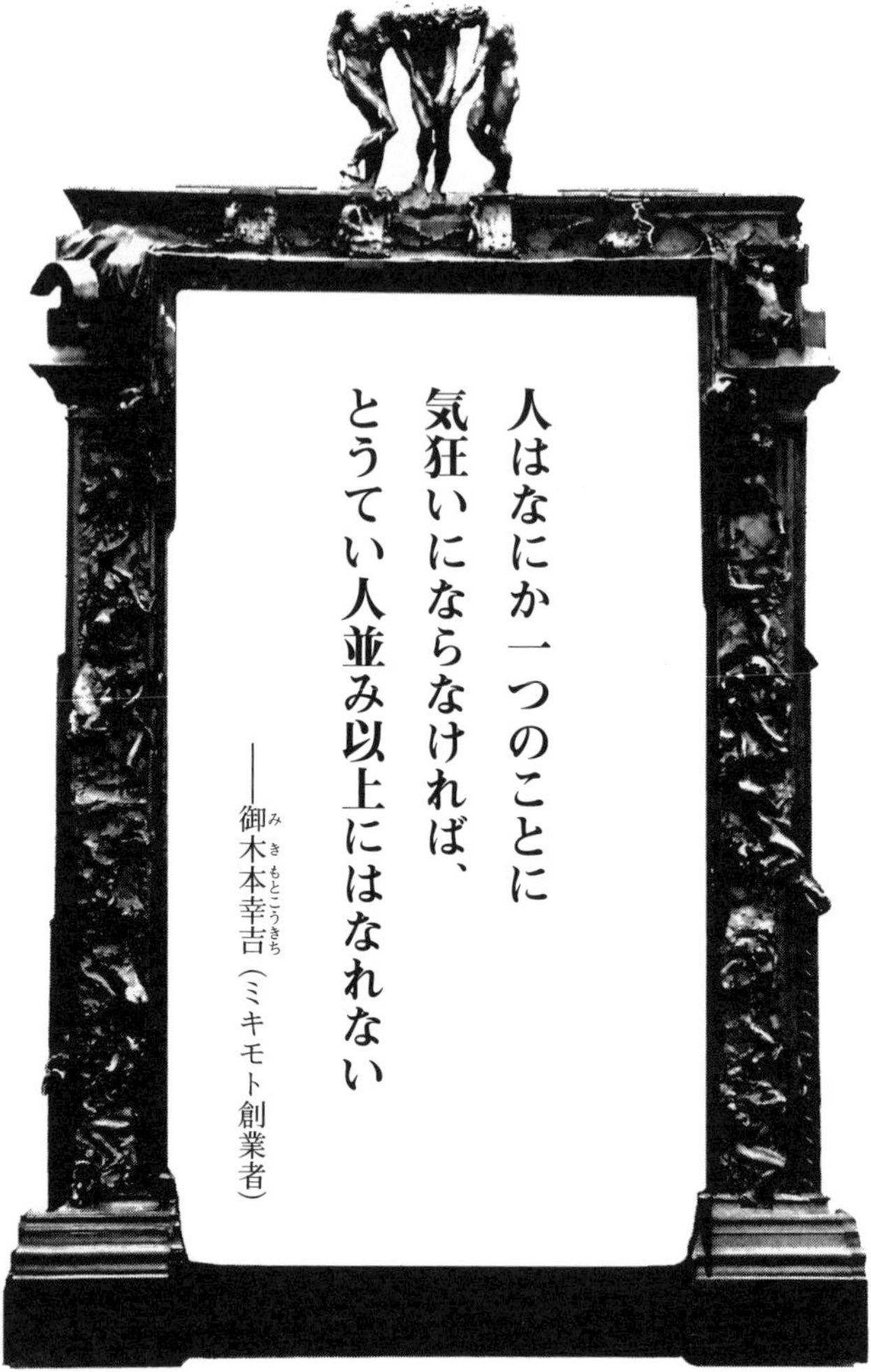

人はなにか一つのことに
気狂いにならなければ、
とうてい人並み以上にはなれない

——御木《みき》本幸吉《もとこうきち》（ミキモト創業者）

真珠の養殖に世界で初めて成功した真珠王・御木本幸吉《みきもとこうきち》。

欧米視察ではニューヨーク郊外で発明王エジソンと会談したという逸話を持つ。手渡されたミキモトパールを見ると、エジソンは驚きを露わにした。

「私の研究所でできなかったものが２つだけあります。一つはダイヤモンド、もう一つは真珠です。あなたが動物学上は不可能とされていた真珠を発明し完成されたことは、世界の驚異です」

御木本は、アコヤ貝の保護と増殖をきっかけに、アコヤ貝を使った真珠の養殖を決意。周囲の理解は得られず、資金難に何度も陥ったが、妻の支えで１８９３年に夢を実現させた。

フランスの宝石商から養殖真珠を偽物とする訴訟を起こされることもあったが、そのことで逆にフランスの裁判所から「天然と変わらぬもの」というお墨付きを得て、日本の養殖真珠を世界へ知らしめた。

真珠に生涯を捧げた男の情熱あふれる言葉。

第2章

発想を変える言葉

自動車メーカーのない国に行けば
一位になれる

——鈴木修（スズキ社長）

鈴木修は１９３０年、岐阜県生まれ。中央大学法学部卒業後に銀行勤務を経て、自動車メーカーのスズキへ入社した。

乗用車的感覚のライトバン「アルト」で大ヒットを飛ばしたのは、鈴木が社長に就任した翌年のことだった。全国どこで買っても一律価格（47万円）にするという、国内自動車メーカーでは初めての試みが成功。アルトで第一次軽ブームを仕掛けると、さらに１９９３年に、軽乗用車ワゴンRを発売して第二次軽ブームを巻き起こした。

トヨタや日産など大手メーカーがひしめく自動車業界で、何か一つでも一番になりたいと考えた鈴木は、インドへ進出することを決意。何度か断られながらも、現地と粘り強く交渉して、実現へとこぎつけた。

インド進出の理由を説明したのが、この言葉である。大きな夢を描きながら、現実化する方法を模索する。企業の利益は、その過程のなかで生まれる。

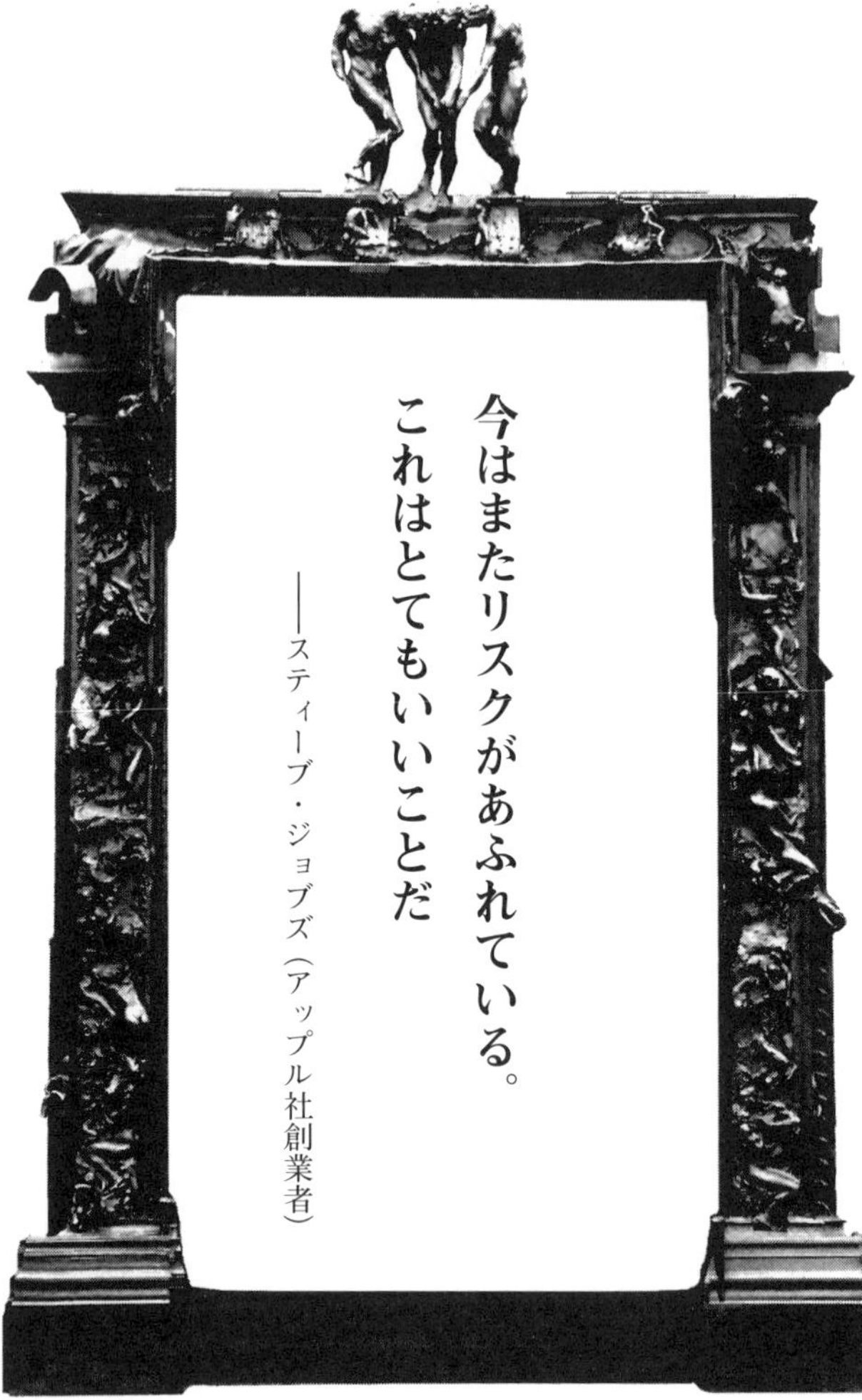

今はまたリスクがあふれている。
これはとてもいいことだ

――スティーブ・ジョブズ（アップル社創業者）

２０１１年10月6日、世界中のアップルストアの前に、花束が次々と置かれた。アップルの創業者、スティーブ・ジョブズが亡くなったからだ。

iMacやiPod、iPhone、iPad……オリジナリティとデザイン性に優れたアップルの製品を思えば、ジョブズは創造力豊かなまさに天才だったと言えるだろう。

アイディアを実際に製品化するにあたって、ジョブズは細部までこだわりを見せた。その強引で独善的なやり方は、現場の反発を生むことも少なくなかったが、ジョブズに妥協の2文字はなかった。

30歳のときには、自ら創業したアップルから追放されることもあったが、41歳のときに復帰。「iPod」で音楽業界に殴りこむのは、それから5年後のことである。

新しい分野にチャレンジするには、リスクはつきもの。リスクがないところには、チャンスもない。ジョブズらしい反骨精神に溢れた言葉。

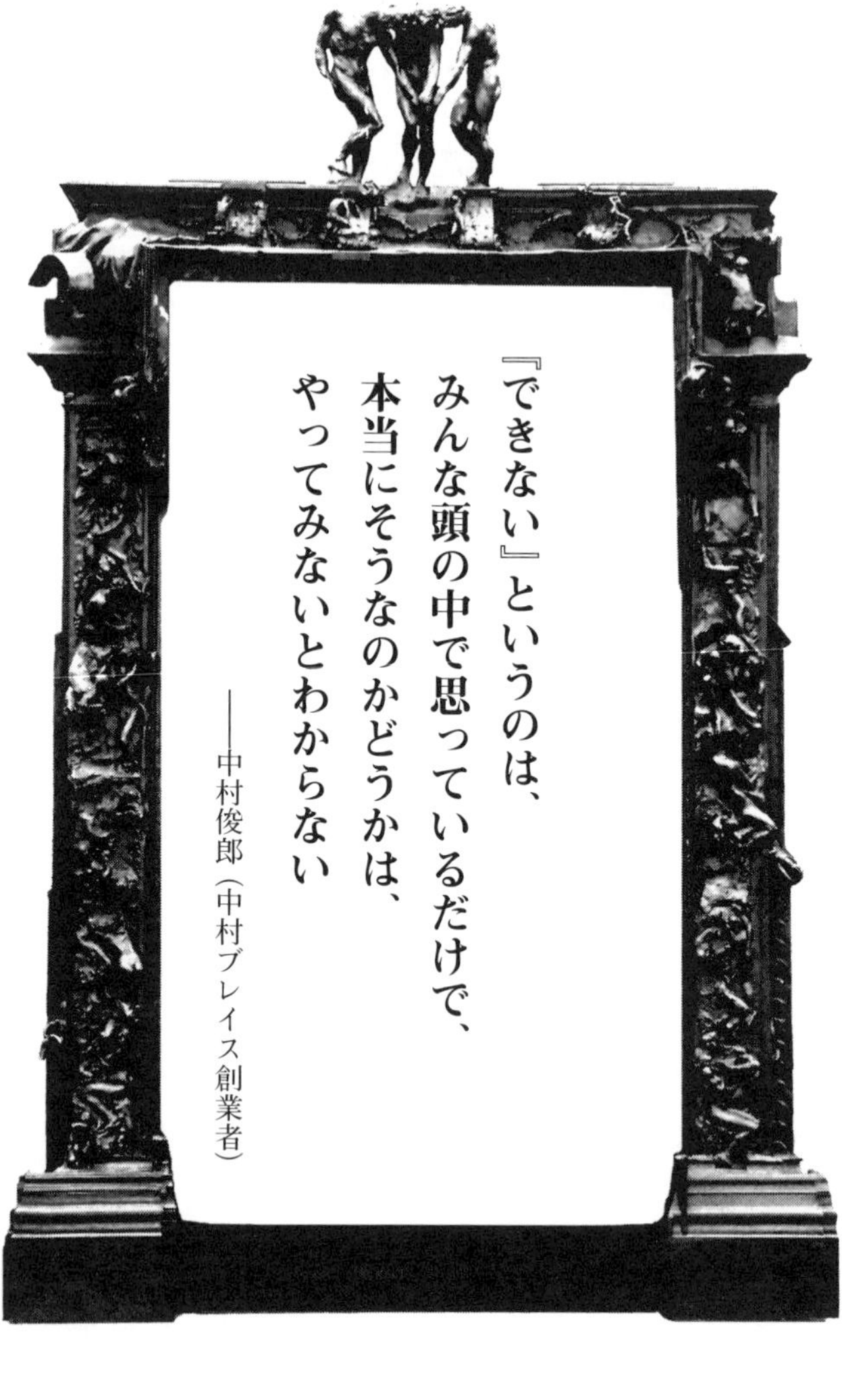

『できない』というのは、
みんな頭の中で思っているだけで、
本当にそうなのかどうかは、
やってみないとわからない

——中村俊郎（中村ブレイス創業者）

中村俊郎は1948年、島根県生まれの中村ブレイス創業者。

高校卒業後、姉の紹介で、京都にある老舗の義肢装具製作所に勤務。約6年にわたる下積み時代のなかで、義肢製作技術の基礎を身に付けた。

やればやるほど義肢製作に魅せられた中村は、より高いレベルを目指して、アメリカへ留学。カリフォルニアのキャンベルという田舎町にある義足メーカーの存在を知り、自分も故郷で義肢装具屋を創業。アメリカで大きな事故に遭い、命を落としかけたことも、中村の使命感をより強固なものにした。

実家の納屋を改装してたった一人のスタートだったが、今では人工乳房・人工指・義肢、そしてコルセットやサポーターなど数々の特許をとり、世界中へと商品を提供している。

未開の地を切り開いた中村の言葉がこれ。先入観にとらわれない者のみがパイオニアとなる。

流れに逆らっちゃいかん。
しかし、流れに流されてもいかん

——弘《ひろ》世《せ》現《げん》（日本生命会長）

弘世現《ひろせげん》は１９０４年、東京生まれの日本生命元会長。

東京帝国大学経済学部へ入学し在学中に、日本生命の3代目社長・弘世助太郎《すけたろう》の4女にあたる芳子と結婚し、婿養子となる。大学卒業後は三井物産へ入社するが、１９４４年に日本生命に取締役として入社。その4年後、44歳のときに社長に就任した。

35年にわたって社長を務め、定期付き養老保険の開発や、企業貸し付けや株式投資による資産運用など、数々のアイディアを実現させた。戦争未亡人を積極的に営業職員に採用し、女性を主体とする保険販売システムを導入したのも、その一つである。彼女たちは「ニッセイのおばちゃん」として顧客たちに親しまれた。

保有契約高、総資産で日本一を達成すると、１９７７年には保有契約高でアメリカのプルデンシャル社を抜いて世界一へ。常務に就任したときは、ほぼ破産状態にあった同社を世界最大の保険会社に育て上げた。そんなミスター・セイホの言葉がこれだ。

成功の陰には必ず失敗がある

——柳井《やない》正《ただし》（ユニクロ創業者）

入社して数カ月で会社を辞めてしまう、辛抱のない若者が増えているという。ユニクロを創業した柳井正《やないただし》も、かつてはそんな若者の一人だった。

早稲田大学政経学部を卒業後、ジャスコに入社するが、どうにも働く気がしない。たった1年足らずで会社を辞めてしまい、友人宅に転がりこんでは、友人が出勤する様子をむなしく眺めていたという。

このままではいけないと実家に戻り、家業の紳士服専門店を一手に任されたことで、運命が拓《ひら》ける。１９８４年に、カジュアルウェアの小売店「ユニクロ」の第1号店を広島県にオープンさせ、社長に就任。知名度がゼロだったため、学生の登校前である朝の6時30分に店を開けて、話題をつくった。

常識を覆す価格設定とブランド戦略で、不況のなかでも売り上げを伸ばし続けているユニクロだが、農業分野への進出などの失敗もあった。

「一直線に成功ということはほとんどありえないと思う」と言った後に、柳井が続けた言葉がこれ。挫折した経験が大きな実りへとつながっていく。

その時点では実現不可能なことを
まず言ってみる

——永守重信（日本電産創業者）

永守重信は１９４４年、京都府生まれ。職業訓練大学校電気科を卒業後、28歳で日本電産（現：ニデック）を設立した。初めはたった４人でのスタートだった。

しかし、創業からわずか15年で大阪証券取引所２部、ならびに京都証券取引所に上場。１９９８年には、東京証券取引所１部上場及び大阪証券取引所１部に昇格させたうえに、２００１年にはニューヨーク証券取引所に上場するなど、瞬く間にベンチャー企業を社員総数10万人以上のグローバル企業へと成長させた。

「あらゆるモーター分野で世界一を目指す」と豪語した永守は、ＨＤＤ用モーターで世界シェアの大半を握る。積極的なＭ＆Ａで海外へ事業展開しながらも、買収先の従業員をリストラせずに、業績を回復させる経営手腕は語り草になっている。

従業員からはホラ吹きだと思われるほど、とてつもなく大きな目標を掲げることが多い永守の言葉がこれだ。笑われて馬鹿にされるくらい高い野望こそ、普段から口にしておこう。

全員反対したものだけが、
一考に価する

――諸井貫一（秩父セメント社長）

諸井貫一は東京都生まれの秩父セメント（現：秩父太平洋セメント）の経営者。

東京帝国大学経済学科を卒業した後、大学院へと進み、同大学の工学部と経済学部の講師として、工業経済論を受け持っていた。実業家へと転身を図ったのは、渋沢栄一に勧められたからだ。

父の恒平が創業した秩父セメントに入社すると、支配人、常務などを経て、１９４８年に社長に就任。一企業のトップとして優良企業を育て上げただけではなく、財界の理論家として、経済同友会代表幹事、日経連会長などを歴任した。

一度決めたら引かなかった諸井は、若いときには渋沢栄一から、こんなアドバイスを受けた。

「自分の立場に忠実なのは結構だが、同時に恕《じょ》、つまり相方の立場も理解してやるという広い気持ちを持たねば、世の中に円満に処していくことはできない」

頑固な諸井貫一による、仕事に対する考え方がこれだ。周囲に大反対されるような提案ほど、独創性が高いことを忘れてはならない。

採用が冷えている今こそ優秀な人材を採れるチャンスだ

——樋口武男（大和ハウス工業会長）

大和ハウス工業は、創業者の石橋信夫が一代で築いた、日本を代表する住宅メーカー。最高顧問の樋口武男は２００１年に大和ハウスの社長になって以来、約20年間にわたって、社長・会長を務めた。

１９９３年、専務取締役だった樋口はいきなり、オーナー経営者から赤字に苦しむ関連会社の社長を命じられる。累計赤字は86億円。経営再建にあたり、周囲は当然リストラを進めるものだと考えていたが、樋口は「絶対に人は切らない」と言い、それどころか、毎年１００人の中途採用を人事に命じた。

ただでさえ、バブル崩壊後の就職氷河期。時代に逆行するような積極採用について、樋口はこう説明した。

「採用が冷えている今こそ優秀な人材を採れるチャンスだ」

新しい人材を投入するとともに、30代の意欲溢れる若手を支店長に抜擢。その一方で、赤字が続いている支店については、たとえオーナー周辺の人材であっても支店長を更迭した。社内決裁で２週間かけていた土地の仕入れは、自ら現場に足を運んで即断するスタイルへ。次々と改革を打ち出して、見事に赤字企業の再建を果たした。

樋口は２００１年、社長に就任。逆境を乗り越えた実績が評価された結果だった。

変化に臆してはいけない。
伝統は時代ごとの
革新の積み重ねで生まれる

——久保順平（久保本家酒造社長）

久保本家酒造は、１７０２年に奈良県宇陀市で創業され、３００年の歴史を持つ蔵元。

11代目に当たる久保順平は、家業への抵抗感があったため、金沢大学を卒業後、大和銀行（現：りそな銀行）へ就職。酒造とは関係のない金融業へと身を置いた。

だが、入行4年目のロンドン赴任をきっかけに、自国の文化を十分に説明できない自分に違和感を持ち始める。１９９０年に帰国してから5年後、銀行を退社して、伝統のある日本酒製造を継ぐことを決意した。

だが、そこで直面したのは、日本酒需要の減少だった。日に日に減っていくメーカーとの契約に危機感を募らせた久保は、大胆な対策に打って出る。

それは、従来の倍以上の手間と時間を要する、江戸時代に始まる伝統的な生《き》酛《もと》造りの導入である。職人が次々と離れていってもブレることなく、改革を断行した久保の信念がこれだ。

その結果、キレ味が冴えて、しかもコクのある酒造りに成功。マスコミにも取り上げられ、固定ファンを獲得することになった。

僕は先が見えない生き方のほうが
はるかに楽しい

――栗原幹雄（フレッシュネスバーガー創業者）

栗原幹雄は１９５１年、埼玉県生まれ。日本大学生産工学部建築工学科卒業後に、積水ハウスへ入社した。

ボーナスは年12カ月も支給され、順風満帆そのものだったが、義兄の誘いに乗って、弁当屋ビジネスをスタートさせるために、27歳のときに退社。恵まれた生活を捨ててまでの選択が、「ほっかほっか亭」の創業へとつながっていった。「ほっかほっか亭」はわずか4年で１０００店を突破。すると、またもや栗原は新たな分野へと目を向けるようになる。それが、ハンバーガー屋である。それまで全く作ったこともないにもかかわらず、栗原は渋谷区富ヶ谷で「フレッシュネスバーガー」の第1号店をオープンさせる。２年後には、ほっかほっか亭から退社して、ハンバーガー業に専念している。

新鮮な素材にこだわり、バンズには栗かぼちゃを混ぜて味をつけるという新たな試みに挑戦。独自のこだわりを打ち出すことで、「大人がくつろげるバーガーカフェ」として徐々に認知されていき、２０２４年の現在では約１５０店舗が展開されている。

マンネリを嫌い、絶えず人生に変化を起こした栗原の言葉がこれである。今こんな時代だからこそ、楽しめることがある。

勤めを苦労と心得ては、
おびただしき間違へに候

——三井高利《たかとし》（三井グループ創始者）

三井家の家祖・三井高利《たかとし》は、14歳で江戸に出て、長兄が営む呉服店で奉公していた。しかし、28歳のときに兄の言いつけで母の面倒を見るため、伊勢松阪へ帰郷。故郷では金融業にも乗り出したが、すべては江戸に進出するための資金作りだった。

１６７３年、兄が亡くなったのをきっかけに、52歳の高利は江戸本町《ほんちょう》１丁目に「三井越後屋呉服店」（越後屋）を開業。松阪に身を置きながら、的確な指示を出して長男たちに店を経営させた。

「店前売《たなさき》り」「現銀（金）掛値なし」など従来の呉服店の常識を覆す手法を取り入れた三井高利。資金を上手く回転させ、また商品を安く売ることができた。さらに、反物単位ではなく切り売りでも販売したことで、庶民の人気を呼び込んだ。

一代で７万両以上稼ぎ出した、商売の神様の言葉がこれだ。意味は「仕事を苦労と考えるのは、とんでもない間違いなのだ」。

仕事を心から楽しむことで、既存の枠組みにとらわれない発想が生まれる。

商品は売れなかったが、乳酸菌の素晴らしさが損なわれたわけではない

——三島海雲（カルピス社創業者）

三島海雲は１８７８年、大阪府に生まれたカルピス社の創業者。

英語教師だった三島は、清国へ渡って25歳のときに雑貨貿易や内モンゴルでの馬の買い付けなどを行うものの、辛亥革命の影響で事業は頓挫。38歳で帰国した三島を待っていたのは、入院中の妻と３人の子ども、そして無職の生活だった。

窮状を打開するために、内モンゴル王族に紹介された乳製品「ジョウヒ」を「醍醐味」という名で売り出した。評判を呼び注文が殺到するが、牛乳を入手するのが困難で、生産が追いつかない。ならば、と脱脂乳を乳酸菌で発酵させた飲料「醍醐素」や、ほかにも乳酸品を使った製品を次々と打ち出すが、売れ行きが芳しくなく、負債を抱える羽目になってしまう。

それでも乳製品の可能性を信じた三島。信念の言葉がこれだ。

研究を重ねた結果、日本で初めて本格的な乳酸菌飲料「カルピス」を発売したのは、三島が42歳のときである。醍醐素に何気なく砂糖をいれると味がよくなったため、さらに不足がちなカルシウムを加えて、カルピスは誕生した。

いつ人生を諦めてもおかしくない失敗だらけの三島の人生。だが、トライし続けたことで、大きな成功をつかんだ。

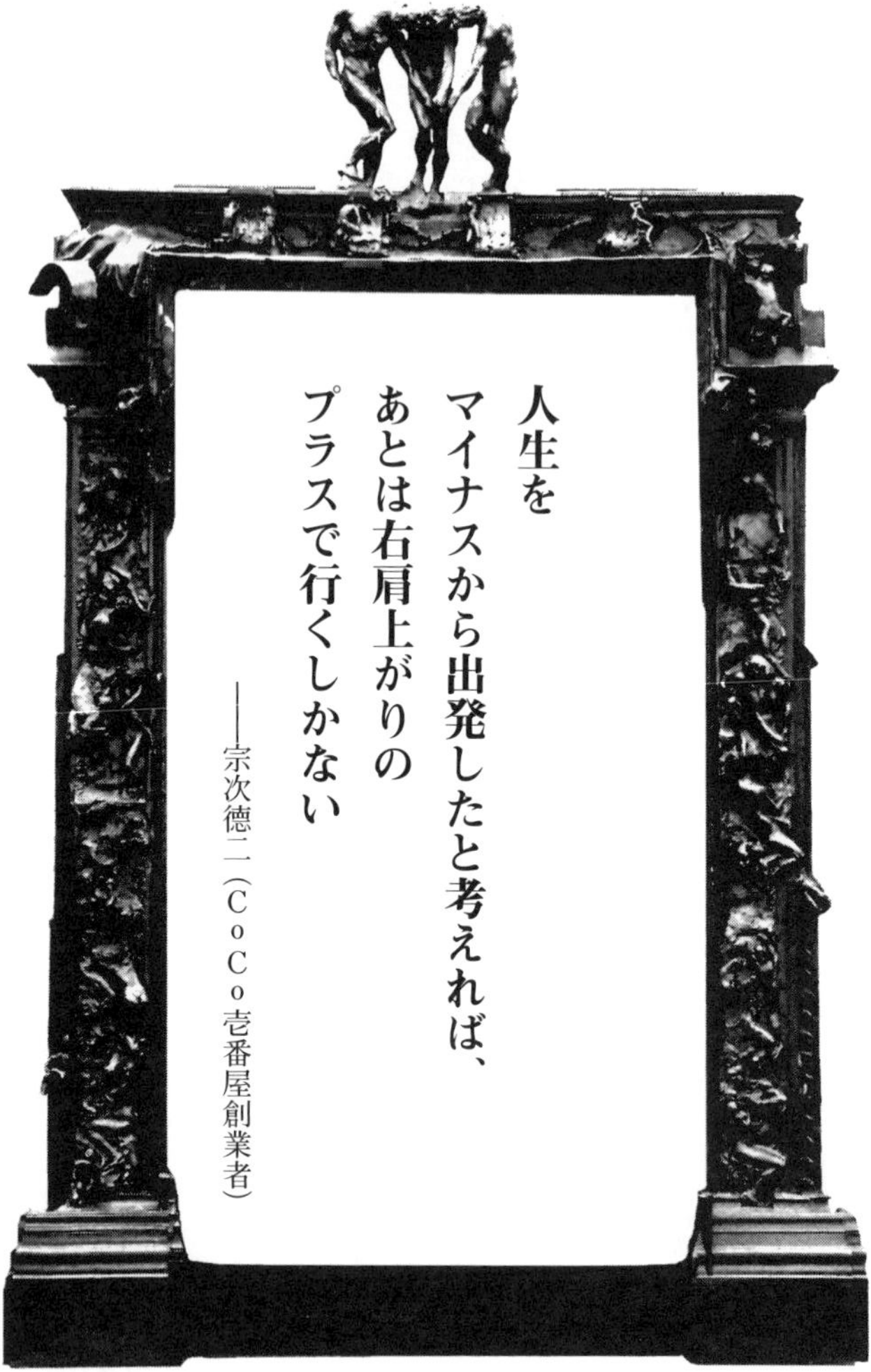

人生を
マイナスから出発したと考えれば、
あとは右肩上がりの
プラスで行くしかない

――宗次徳二（ＣｏＣｏ壱番屋創業者）

宗次徳二は1948年、石川県に生まれるが、生後間もなくして、兵庫県尼崎市の児童養護施設に預けられた。3歳のときに養子として引き取られるが、養父のギャンブル狂により、極貧の幼少期を過ごした。

高校卒業後は、不動産関連の会社に入社。結婚を機に独立を決意する。初めは不動産仲介業を行っていたが、妻がメインとなって開業した喫茶店を手伝っているうちに、飲食業に目覚めた。喫茶店のメニューで人気のあったカレーライスで勝負しようと、1978年に「ＣｏＣｏ壱番屋」の1号店をオープンさせた。

その後、1988年に100号店を出店すると、6年後の1994年には、47都道府県へ出店を果たし、300店舗を達成している。2024年現在では、グループ店舗を含め1200店以上を展開しているというから、すさまじい成長である。

国内最大のカレーチェーン店を築いた宗次による、逆境に負けない言葉がこれだ。真のプラス思考は、究極のマイナス思考から始まる。

保守的な寿司業界なればこそ、
ビジネスチャンスは
大きいのではないだろうか

——田中邦彦（くら寿司創業者）

田中邦彦は１９５１年、岡山県生まれのくら寿司の創業者。

実家が野菜から日用品までを扱う商売をしていたため、幼い頃から注文取りや配達などの手伝いを行っていた。

桃山学院大学経済学部を卒業後は、お酢の老舗メーカーに就職するものの、それはあくまでも起業するための経験。お酢メーカーの仕事として、寿司屋に出入りするうちに、田中は寿司業界の非効率さに気づいた。

それは、郊外の寿司屋の場合、売り上げのほとんどが出前であるにもかかわらず、重視してお金をかけているのは店内のカウンターでの寿司作りということ。田中は出前専門寿司屋を大阪府堺市で個人創業して、ヒットを飛ばした。

さらに、個人創業から飛躍するために選んだ形態が、回転寿司である。「１皿１００円、化学調味料無添加」という大胆な試みにチャレンジ。鮮度にもこだわり、ＱＲコードシステムで皿を管理して、時間がくれば廃棄するシステムを作り上げた。さらに非接触の抗菌寿司カバーも開発し、特許を取得している。

今や行列ができる大人気回転寿司チェーン店として知られる「くら寿司」。田中が業界への参入を決意したときの言葉がこれだ。保守的な体質に直面すると、嘆いたり、愚痴ったりしがちだが、それではチャンスを捨てているようなもの。

現状に不満をもつことはいいことだ

——アンドリュー・カーネギー（カーネギー鉄鋼会社創業者）

鉄鋼王にして慈善王――。アンドリュー・カーネギーがそう呼ばれるのは、製鉄事業で莫大な富を築き上げて、その財産をすべて慈善事業で使い切ろうと試みたからである。

28歳で年収の20倍近くの金額を製鉄事業への投資で稼ぎ出したカーネギーは、アメリカで初めて「ベッセマー製鋼法」を導入して製鉄工場を創設。１８９９年にはアメリカの鉄鋼生産の25％を支配している。

引退後は寄付活動に専念し、カーネギーメロン大学、カーネギー・ホールなどを建設。世界に２８１１ヶ所の図書館も残している。

貧しい家に生まれたカーネギーは、父が事業に失敗したことで、12歳で紡績工場へ働きに出なければならなかった。「図書館が私の大学だ」と言うように、学校に行けなかったのである。

極貧生活から這い上がったカーネギーらしい言葉。

問題は解決されるために提示される

——中山素平（日本興業銀行頭取）

「財界の鞍馬天狗」「日本の羅針盤」――。

そんな異名をとったのは、日本興業銀行（現：みずほ銀行）頭取の中山素平だ。１９０６年に東京で生まれて、東京商科大学本科を卒業後、日本興業銀行に入行した。

55歳で頭取に就任した中山は、実に数々の難局を乗り越えてきた。

戦後、ＧＨＱの興銀無用論を突っぱねて、激しい交渉の末に日本興業銀行の存続を認めさせた。さらに、海運再編成や山一証券の再建、そして八幡製鐵と富士製鐵の合併など、一筋縄ではいかない案件に取り組み、結果を出してきた。

経営者選びのコツとして「なりたがる人間を社長にしないことだ」と言ってのけた中山の言葉がこれだ。

できることならば、問題は起きてほしくないもの。だが、問題が出てくるのは、それを解決する必要があるから。さらなる高みを目指すチャンスとして解決策を講じれば、きっと道は拓ける。

『成功は成功の母』なのです

——辻晴雄（シャープ社長）

世界初・液晶ディスプレイテレビの開発、販売に成功し、２０１２年に創業１００周年を迎えたシャープ。その3代目社長を務めたのが辻晴雄である。

一社員として入社した辻は、経理課を経て、国内営業の販売計画課に異動。１９８６年には社長に就任するが、円高が進み、主力であった輸出商品の利益が大幅にダウンしてしまう。

急激な為替変動に対抗するため、辻は自社商品である液晶電卓に目をつけ、ブラウン管の代わりに液晶をディスプレイにすることを思いつく。液晶テレビを開発して販売に乗り出したのは、その着想から2年後のことである。

販売計画課にいた頃は、テレビの売れ行きが予想よりはるかに上回って、生産が追いつかずに工場長に一喝されたこともあった。それ以来、辻は工場に何度も足を運び、生産や資材の担当者と何度も話し合うようになったという。

社長になってからも、現場に重きを置いた辻の言葉がこれだ。一つの成功がまた別の成功を連れて来てくれる。

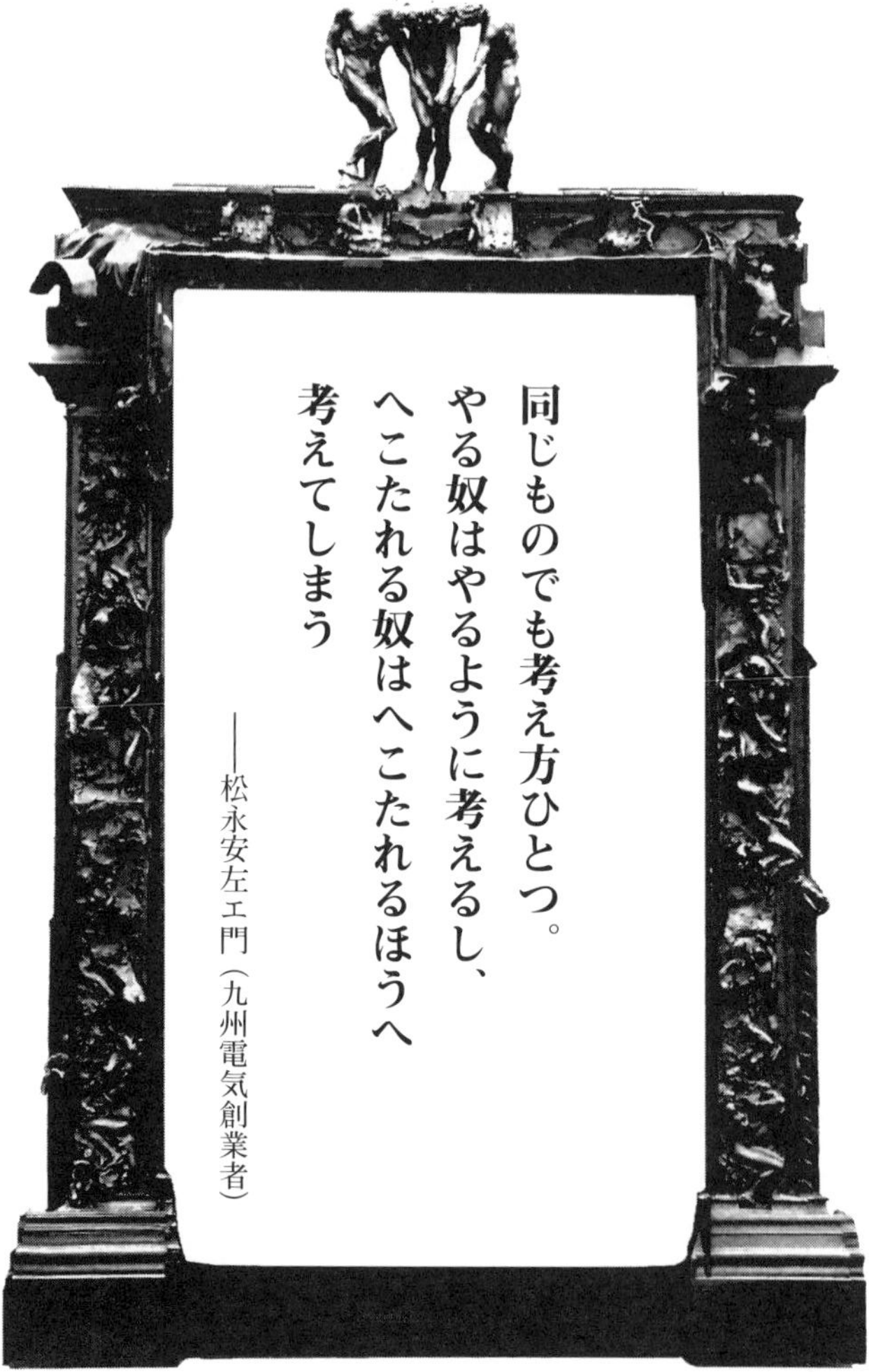

同じものでも考え方ひとつ。
やる奴はやるように考えるし、
へこたれる奴はへこたれるほうへ
考えてしまう

——松永安左エ門（九州電気創業者）

松永安左エ門は、九州電気（現：九州電力）などの創業者。

１８７５年に壱岐島で生まれた松永は、父の家業を継ぐよりも、もっと大きな仕事がしたいと上京を果たす。

福沢諭吉が創設した慶應義塾で学んだ後、日本銀行、丸三商会を経て「福松商会」を起業し、石炭工として大成功。芸者遊びを繰り返すなど人生を謳歌するが、持ち株が暴落して一文無しへ。さらに火事で自宅が全焼し、絶望のなかで2年間にわたって引きこもる。しかし、35歳で電気事業に乗り出したことで、再び人生が上向く。

１９１０年、九州電気株式会社を設立したことを発端に、電力改革に邁進。その辣腕ぶりから「電力の鬼」と称された男の言葉がこれだ。苦境を乗り越えるには、まずは思考を前向きにすること。

自分が相手を疑いながら、
自分を信用せよとは虫のいい話だ

——渋沢栄一（渋沢財閥創始者）

渋沢財閥の創始者・渋沢栄一は、第一国立銀行をはじめに、王子製紙・大阪紡績・東京瓦斯など、約500もの企業の創設・育成に力を注いだ。「近代資本主義の父」とも呼ばれて、2024年からは新一万円札の肖像に選ばれている。だが、一歩間違えれば、人生が急落しかねない局面も彼の人生にはあった。

24歳のとき、渋沢は従兄弟で学者の尾高惇忠から大きな影響を受け、「尊王攘夷」思想を実践するため、高崎城乗っ取りの計画を立てた。乗っ取った後は、横浜を焼き払い、異国人を斬り殺したうえで、徳川幕府を打倒するというのが、その目的だった。最終的には中止されたが、もし実行されていたならば、若気の至りでは済まされなかっただろう。

その後、渋沢は尊王攘夷から考えを一転させて一橋家に仕えた。27歳のときに徳川慶喜の異母弟・後の水戸藩主、徳川昭武に随行しパリ万国博覧会に出席。明治維新後に実業家として活躍する下地を築いた。

気持ちが揺れ動きがちな青年時代に、葛藤を乗り越えて成功をつかんだ渋沢。信用についての言葉がこれだ。自分の先入観をまずは捨てることから。

お金をもうけること自体は
目的ではない

――マーク・ザッカーバーグ（フェイスブック創業者）

ＳＮＳ（ソーシャル・ネットワーキング・サービス）のなかでも、世界最大の交流サイトがフェイスブックである。利用者は２０２５年1月現在で約29億人以上に上り、日本国内だけでも約２６００万人が利用している。

２００３年、創業者マーク・ザッカーバーグがハーバード大学在学中に、自分の学生寮でサイトを誕生させたのが、すべての始まりである。日本語版サービスの開始が２００８年だったことを考えると、いかに急成長しているかがわかるだろう。

しかし、創業にあたって、ザッカーバーグは利益を出すことを目的としていたわけではなく、こんなことを言っている。

「世界をより開かれた、よりつながりの強いものにする社会的な使命を達成するために設立したのだ」「お金をもうけること自体は目的ではない」。

２０１２年5月18日には米ナスダック市場に株式を上場。２０２１年10月末には社名を「メタ（Meta）」に変更し、仮想3次元空間「メタバース」構築のため、ＶＲやＡＲ製品に多額の投資を行っている。

ザッカーバーグがどんな未来を見据えているのか、依然として注目され続けている。

第3章
人を奮い立たせる言葉

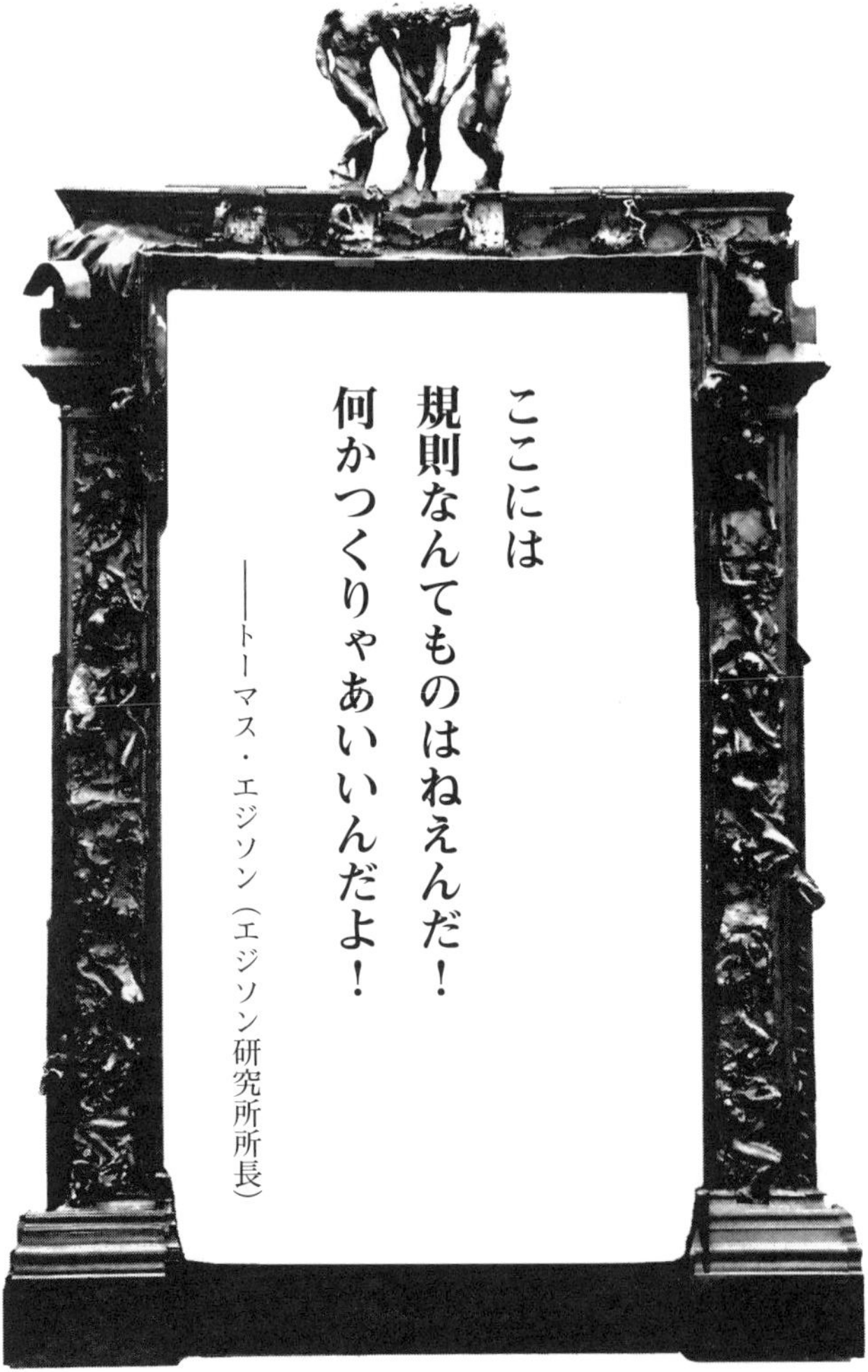

ここには
規則なんてものはねえんだ！
何かつくりゃあいいんだよ！

——トーマス・エジソン（エジソン研究所所長）

トーマス・エジソンは、電球や蓄音機をはじめ、生涯約１３００もの発明をした「発明王」。アメリカ合衆国オハイオ州生まれで、鉄道の電信技手を経てボストンの電信局に勤務した後、研究所を設立した。

エジソン研究所はウェストオレンジという片田舎に作られたにもかかわらず、就職希望のエンジニアが後を絶たなかった。尊敬する発明王と一緒に仕事ができることが何よりの報酬だと考えたからだろう。

しかし、経営者としてのエジソンはあまりにも破天荒で、ついていけなくなる技術者も少なくなかった。エジソンは部下たちと同じように、汚れた作業服を身にまとい、それぞれの労働者の技術を尊重した。一方で、見込みがないと判断された者は、即時に解雇。給与制度も完全に実力に応じたもので、現場は朝から晩までフル稼働の過酷な状況だった。

杓子定規な労働環境を嫌ったエジソンは、就業規則すら作らなかった。戸惑った新入りに、「規則はないのですか？」と尋ねられたとき、エジソンは冒頭のように怒鳴ったという。天才の指示はシンプルだが、ハードルはどこまでも高い。

コーチなしで、自分で苦労して、
努力して伸びろ

——盛田昭夫（ソニー創業者）

盛田昭夫は１９２１年、３５０年以上続く盛田酒造の15代目として愛知県に生まれた。跡取りとして期待されていたが、盛田は機械いじりが好きで、技術者としての道を歩むことになる。

大阪帝国大学理学部物理学科を卒業すると、技術中尉として海軍に所属。戦時科学技術研究会で知り合った井深大《いぶかまさる》らと東京通信工業を設立したのは、戦後間もない頃だった。

テープレコーダー、トランジスタラジオ、家庭用ビデオテープレコーダー……盛田は井深とともに、数多くの日本初、世界初という革新的な商品を創り出し、「メイド・イン・ジャパン」の名声を築いた。

他人に教えてもらうのではなく、あがきながらでも自分の頭で考えること。いかにも技術者らしい盛田のアドバイスがこれだ。

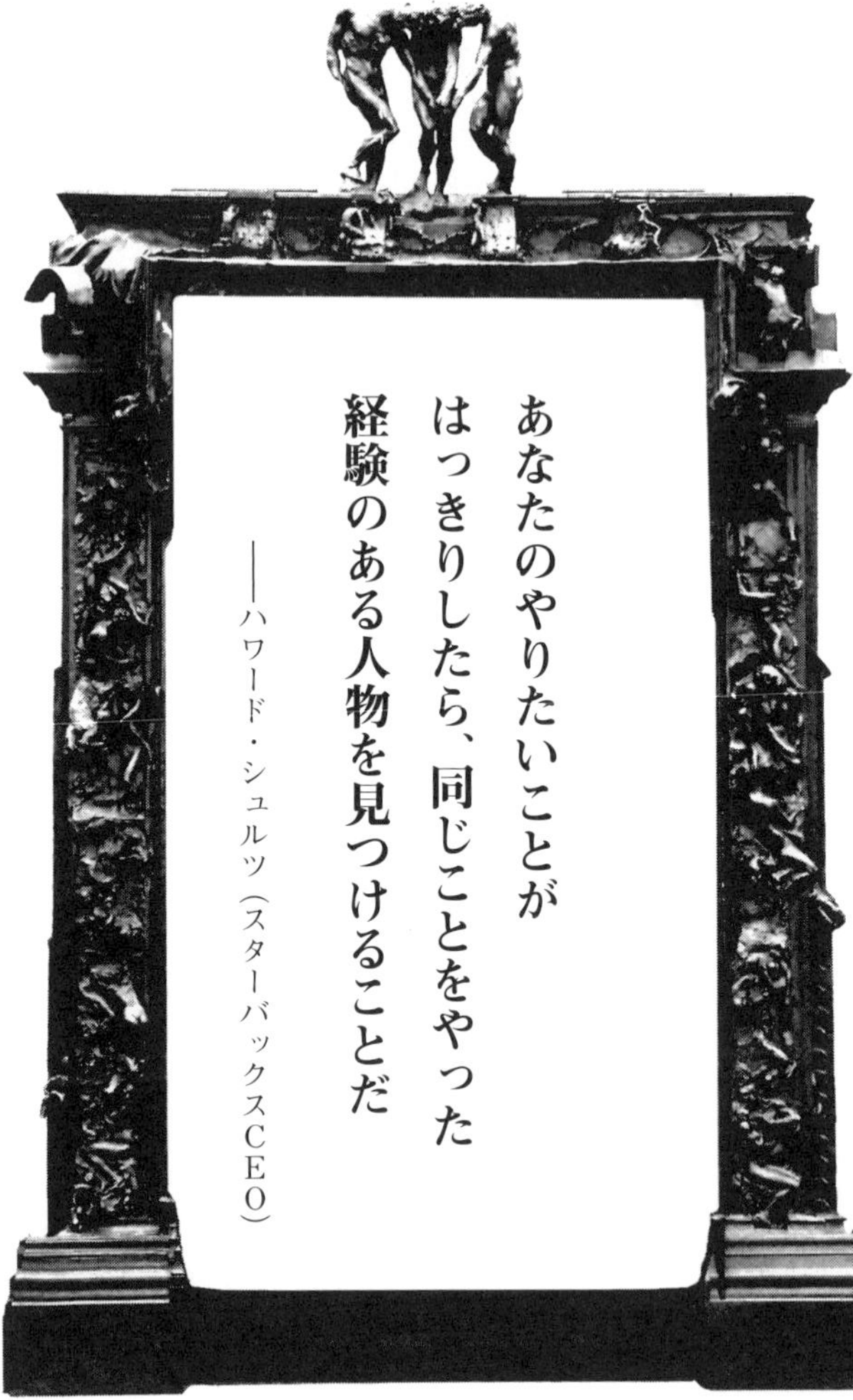

あなたのやりたいことが
はっきりしたら、同じことをやった
経験のある人物を見つけることだ

――ハワード・シュルツ（スターバックスCEO）

仕事上で転機となる出来事が、誰の人生でもある。ハワード・シュルツの場合は、28歳のときにそれが訪れた。

当時は、家庭用雑貨の子会社で副社長兼アメリカ営業本部長という肩書きで、優秀なビジネスマンとして高給取りだったシュルツ。偶然、仕事を通じて存在を知った、小さなコーヒー小売会社の将来性に惹かれて、転職に踏み切る。それがスターバックス・コーヒーだった。

その後、いったん独立して新会社を作ったシュルツが、スターバックス・コーヒーを買収したのが、1987年のこと。CEOとして経営手腕を発揮して、10年間で6店舗から1300店舗まで拡大させ、2万5000人もの従業員を抱える大企業へと育て上げた。

ハワード・シュルツがすべての起業家へ向けたアドバイスがこれだ。先達の経験を踏まえて、自分なりの道を歩んでも遅くはない。

すぐ役立つ人間は、
すぐ役立たなくなる

——藤原銀次郎（王子製紙社長）

製紙王・藤原銀次郎は、16歳のときに長野県から上京し、福沢諭吉の門下生として慶応義塾に入学。卒業後は松江日報に入社して主筆となるが、経営不振によって辞任。三井銀行大津支店に移って営業成績を上げた後、富岡製糸場の支配人となり、出来高払いの導入などで現場労働者の不満を解消させた。

そんな実績を買われて、経営不振の王子製紙の再建を託されたのは42歳のとき。自宅を抵当に入れるまでして自ら株を引き受けると、かつての部下を引き入れながら、主体を新聞用紙に転換することで、赤字続きだった経営を立て直した。１９２０年、王子製紙の社長に就任し、日本の製紙業において9割のシェアを占める一大企業へと成長させた。

私財を投じて藤原工業大学を設立するなど、人材育成も積極的に行った藤原の言葉がこれである。便利な人材ではなく、長く必要とされる人材へと成長していこう。

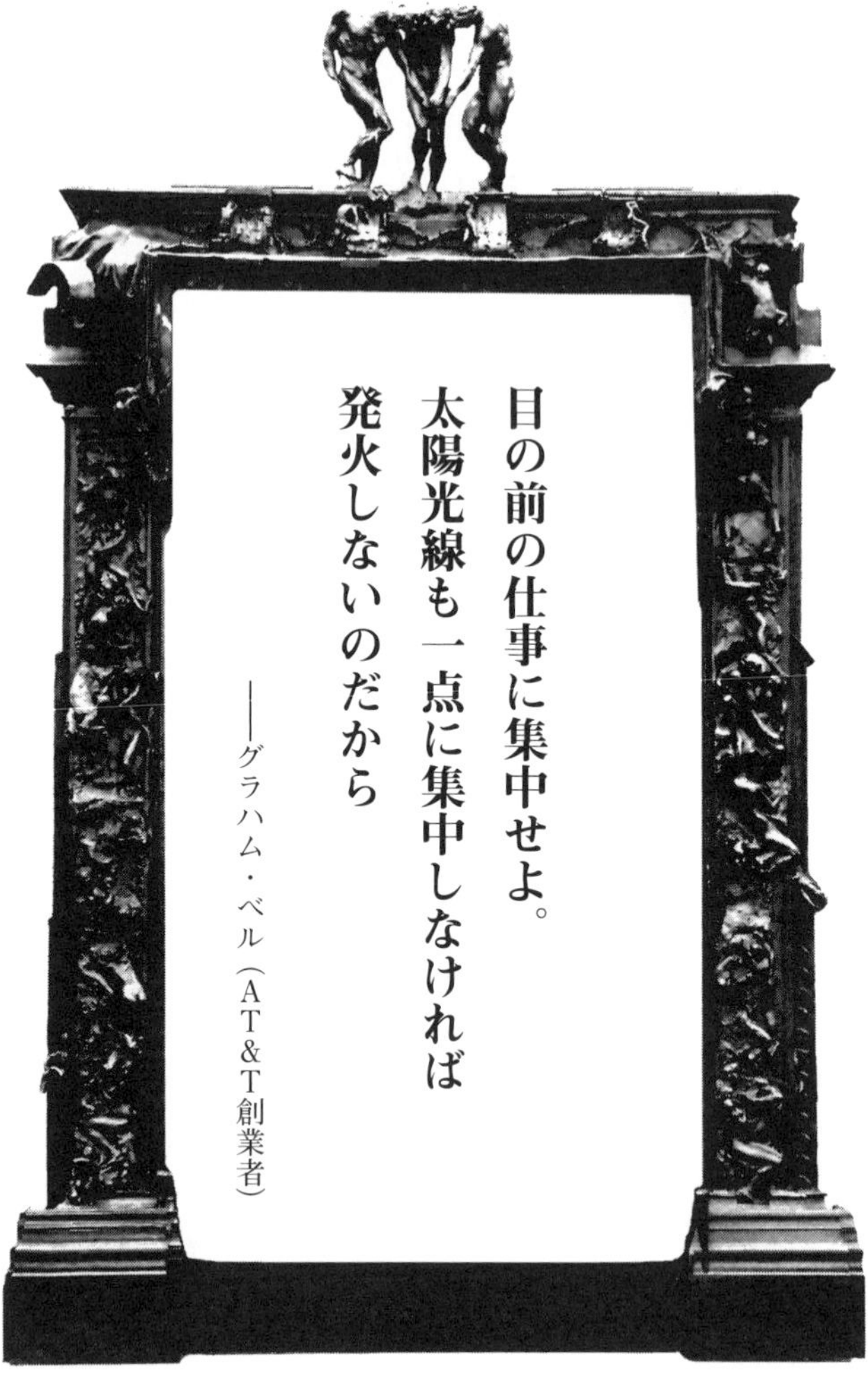

目の前の仕事に集中せよ。
太陽光線も一点に集中しなければ
発火しないのだから

——グラハム・ベル（AT&T創業者）

グラハム・ベルは、現在の電話の基本形を発明したことで、その名を知られている。信号伝送効率を示す単位「ｄＢ」（デシベル）も、ベルの名前が由来している。

ベルが電話会社を設立したのは、１８７７年。ボストン大学で音声の伝送の研究を行い、電話機の開発に成功した翌年のことだった。これが後のＡＴ＆Ｔ社として、発展していく。セオドア・ニュートン・ヴェールをＧＭに迎えて、全国に電話回線を行きわたらせた。

人々の生活を大きく変えたベルの発明だが、偉業を達成できたのは、誰よりも残りの人生を意識していたからかもしれない。24歳のときに病に伏したベルは、医師から余命半年の宣告を受けていた。

一瞬一瞬を大切に生きたベルならではの言葉。

急ぐな、休むな

――服部金太郎（セイコー創業者）

服部金太郎は、東京出身のセイコー創業者。

12歳で洋品雑貨問屋に丁稚奉公に上がり、奉公先の近所にあった老舗の時計店を見て、時計商になることを決意。14歳から時計店で修理技術を学び、21歳のときに「服部時計店」を創業した。

開業から2年後、火事で店が全焼するという悲劇に遭うが、服部はそれを機に時計の修理から販売へとシフト。横浜からの輸入品も含めて、豊富な品ぞろえで評判を呼んだ。

１８９２年には精工舎を設立し、時計の製造にも乗り出した。工場敷地内に寄宿舎を設立して徒弟学校を作るなど、熟練工の育成にも尽力。国産初の腕時計を完成させ、国内時計のシェア7割を占めるまでに発展させた。

しかし、関東大震災では、またもや全焼の憂き目に遭い、自宅も倒壊。一時は従業員を全員解雇せざるを得ない事態に追い込まれたが、わずか数カ月で再出発して、新製品として9型の腕時計セイコーを発売するなど、巻き返しを見せた。

「一人一業主義」を貫いて、時計事業に専念した服部の言葉。急がなくてもよい。大切なのは、たゆまず継続していくこと。

独立不羈《ふき》の精神の根本は、
人間尊重であり、
自己尊重であり、
他人尊重である

——出光佐三《さぞう》（出光興産創業者）

福岡県に生まれた出光興産の創業者・出光佐三《さぞう》。その生涯において、逆境を何度か飛躍へとつなげてきた。

まずは幼少期から病弱で、眼も悪くて読書もできなかった。だが、福岡商業学校を優秀な成績で卒業すると、現在の神戸大学にあたる神戸高等商業学校に入学。恩師とも出会い、拝金主義から一線を画した、人間尊重主義に目覚めた。

大学を卒業すると、従業員がわずか４〜５名の商店に入社。名門大学卒業者としては異例の丁稚奉公という苦難の道を経て、25歳で福岡県の門司市で出光商会を創業。機械船への燃料油の販売で利益を出して、日本の石油王としての道を歩み始めることになる。

独自の自治精神を従業員に説いた出光。経営モットーがこの言葉である。不況でギスギスしがちな今だからこそ、心に刻んでおきたい。

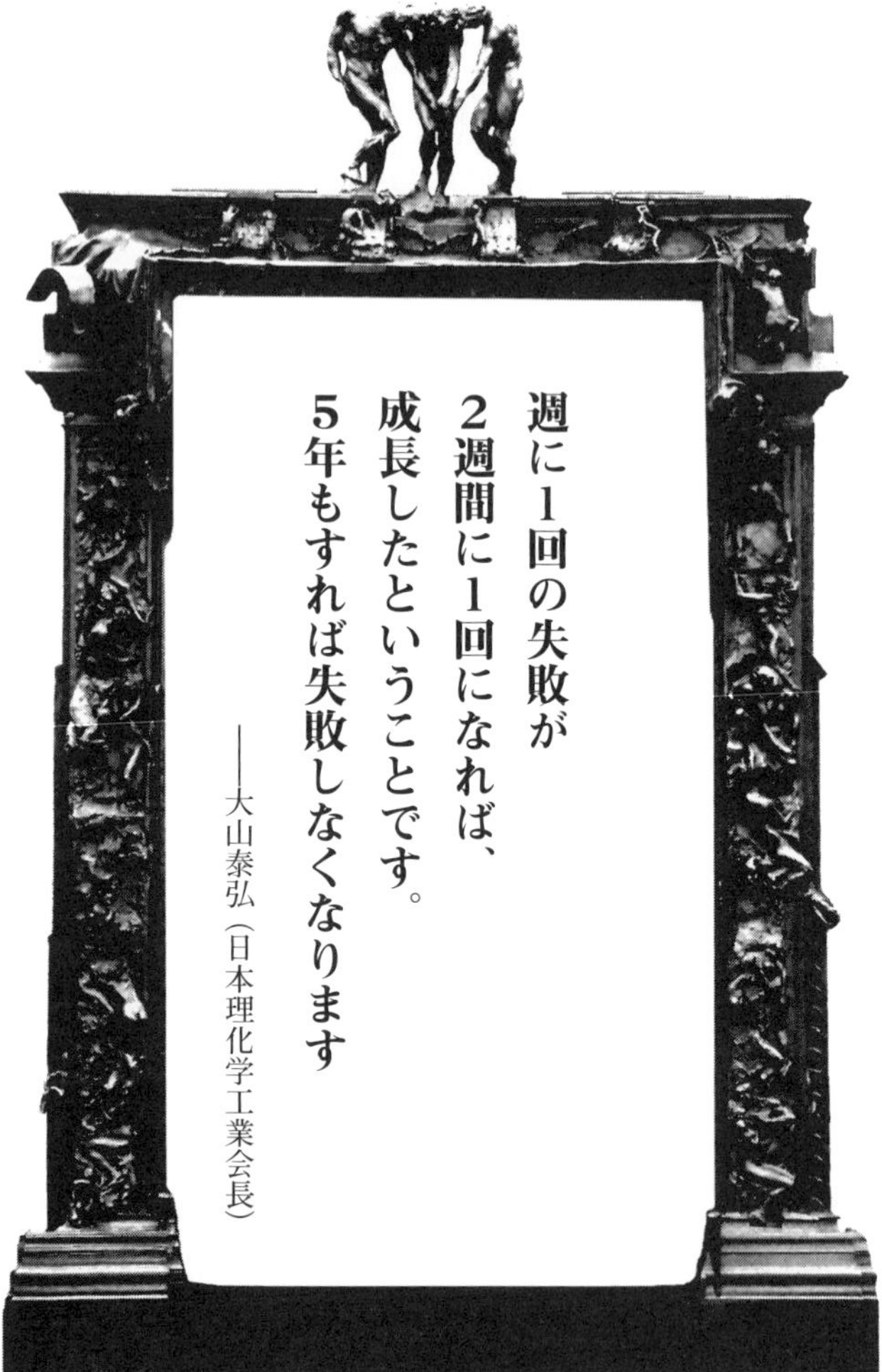

週に1回の失敗が
2週間に1回になれば、
成長したということです。
5年もすれば失敗しなくなります

——大山泰弘（日本理化学工業会長）

大山泰弘は１９３２年、東京都生まれの日本理化学工業会長。

もともとは教師か弁護士を志していたが、父の病気によって、家業のチョーク製造を手伝うようになる。入社して３年後、知的障害者の通う養護学校の教師から、卒業生の就職依頼を受けて、運命が変わっていく。

当初は２週間の実習のみの予定で２人の障害者を受け入れたが、仕事への熱心さに心を打たれ、正式に採用。一人でも多くの障害者を雇用しようと、現在では、全社員のうち約７割が知的障害を持つ従業員である。

字や数が分からない従業員には、仕事道具を色別にするなど工夫を重ねながら、粘り強く指導する大山の言葉がこれだ。

段階に応じて、できたことをきちんと誉めて認めていくこと。一歩一歩地道に育てることで、大きな花が咲くこともある。日本理化学工業は、チョーク製造において国内で３割を超えるシェアを誇っている。

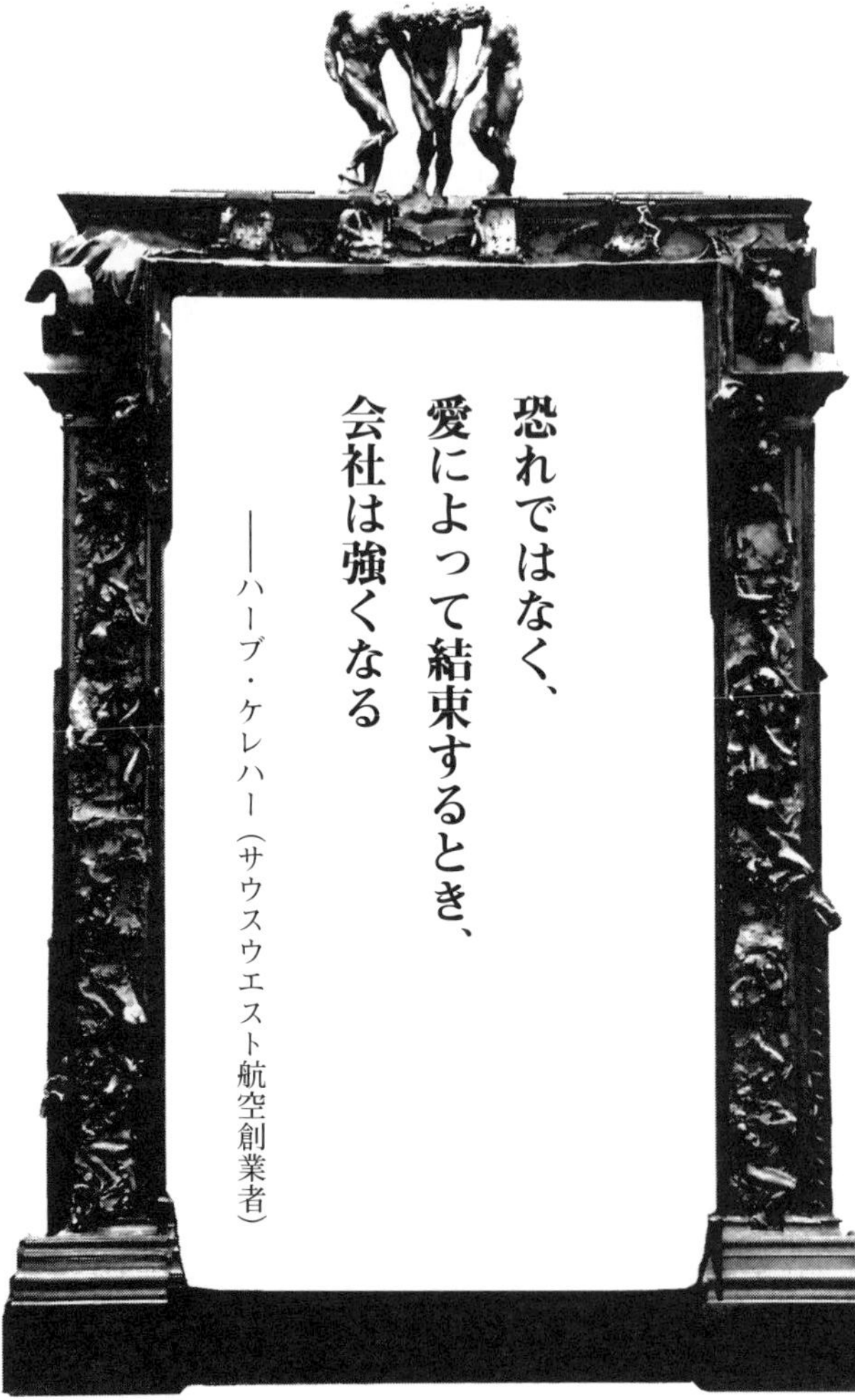

恐れではなく、
愛によって結束するとき、
会社は強くなる

——ハーブ・ケレハー（サウスウエスト航空創業者）

行き届いたサービスはお客にとって心地の良いものだが、それらのための人件費などのコストは料金に上乗せされている。ならば、過剰なサービスを廃止すれば、もっとコストを抑えて、安価な商品を提供できるのではないか――。

そう考えたハーブ・ケレハーは、6年間にわたる弁護士生活から一転して、テキサス州の航空業界へと参入。1971年、サウスウエスト航空を創業した。

機内食は廃止して、チェックインカウンターの座席は早い者勝ち。あまりに型破りだが、コストは下がり、格安チケットを提供することができた。

ただし、それだけでは簡素で安い航空機というだけのことだが、ケレハーは、客室乗務員の歌やコスプレなど、個性的なサービスで乗客を楽しませた。

いや楽しんでいたのは乗客だけではない。そうした試みで乗客数を増加させながら、スタッフの離職率を下げることにも成功している。

歯を食いしばりながら苦しみに耐えれば成果が上がるわけではない。従業員が楽しんで仕事をしながら、利益が上がる方法だってある。ケレハーが行った一番の改革は、「経営努力」のイメージを変えたことかもしれない。

60点主義にして、80点を狙わせる

——島村恒俊《のぶとし》（しまむら創業者）

価格の圧倒的な安さだけではなく、近年はファッション性も評価されている「ファッションセンターしまむら」。全身コーディネートする若者は「しまラー」と呼ばれるなど、今や若い女性から支持される人気ブランドとなった。

運営する株式会社しまむらを創業したのが、島村恒俊《のぶとし》である。

島村は戦後すぐに両親から引き継いだ島村呉服屋を法人化。埼玉県で3店舗展開した後に、県外へと飛び出して勝負に出た。全国47都道府県すべてに出店したのは、２００２年のことである。

まだ経営に余裕がないときから、従業員教育への費用を惜しまず、経営セミナーにも積極的に派遣した。人材育成に重点を置く島村が、よく口にした言葉がこれである。

ひたすらハードルを上げるだけでは、モチベーションも下がってしまう。「達成感」というかけがえのない報酬が、従業員の積極性を生み出していく。

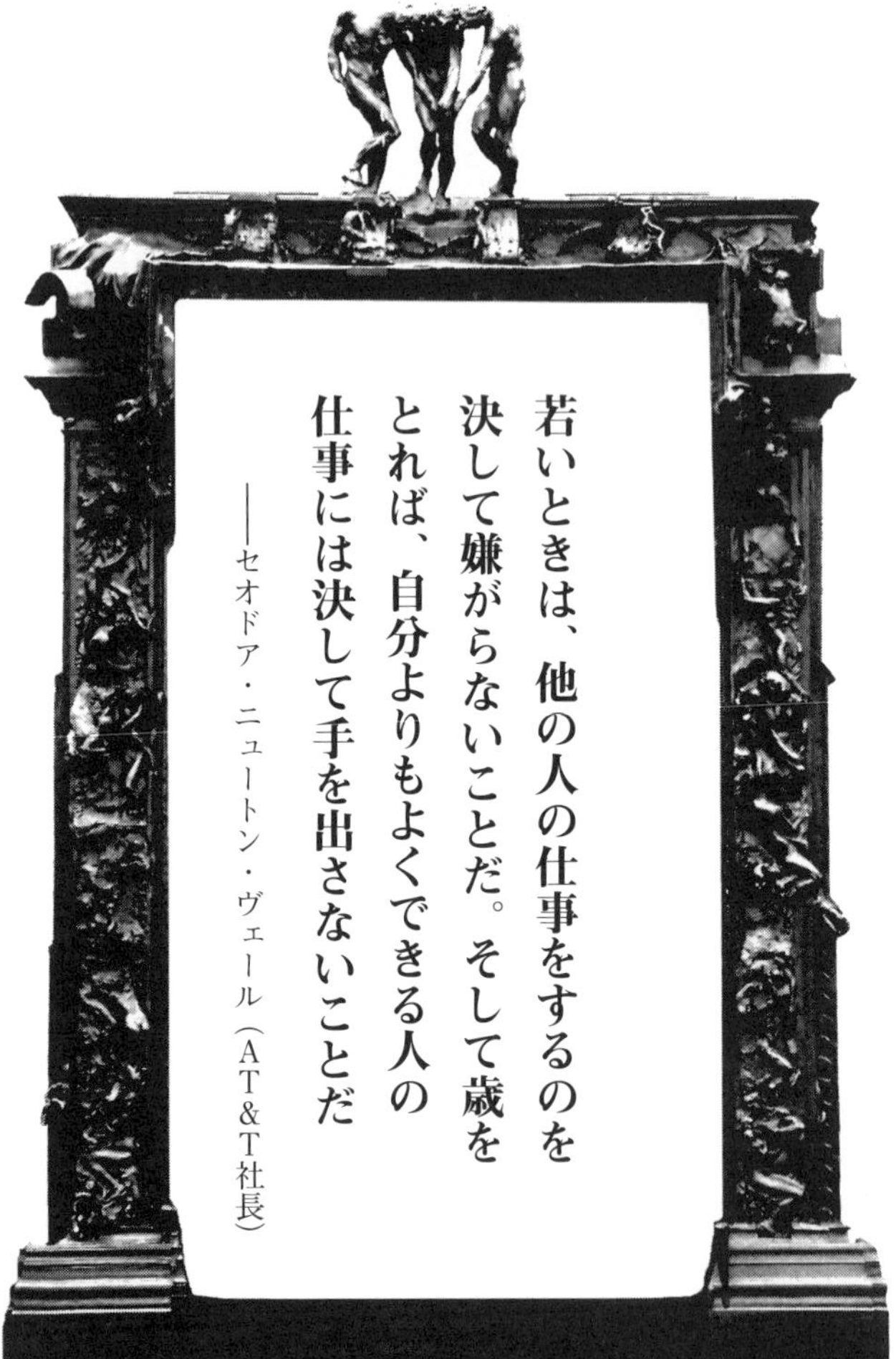

若いときは、他の人の仕事をするのを決して嫌がらないことだ。そして歳をとれば、自分よりもよくできる人の仕事には決して手を出さないことだ

――セオドア・ニュートン・ヴェール（ＡＴ＆Ｔ社長）

セオドア・ニュートン・ヴェールは、オハイオ州キャロル郡で生まれた、AT&T（アメリカ電話電信会社）の社長。

鉄道に乗務する通信士として働き始め、鉄道による郵便輸送が全く整備できていないことに着目。効率的に郵送するために列車間で連絡を徹底するマニュアルを作り、浸透させた。ヴェールはこの仕事をきっかけに、アメリカ政府からスカウトされ、郵便業務担当の監督官として国全体の配達業務を刷新させることになる。

その後、ヴェールはベルの電話技術を全国に広めようと、ベル電話会社のGMに就任。大手電話機器メーカーを買収し、AT&Tを誕生させ、全国で電話網を引く下地を作った。

70歳になっても新たな事業を開始していたヴェールの言葉がこれだ。

チャンスはどこに眠っているかわからない。任せられた仕事のなかから、自分ならではの働き方が生まれることもある。

悩みはあるか？

——樋口廣《ひろ》太《た》郎《ろう》（アサヒビール社長）

樋口廣太郎《ひろたろう》は1926年、京都府に生まれたアサヒビールの経営者。

史上最年少で住友銀行の副頭取となるが、倒産の危機に陥っていたアサヒビールへ身を投じて、1986年に社長となった。翌年にはビールの味を変えるという業界のタブーへ果敢に挑戦。日本初の辛口ビール「アサヒスーパードライ」の販売に踏み切り、異例の大ヒットを放った。

それだけではなく、「製造から3カ月経ったビールは、全国どこにあろうと買い戻して処分」、「原材料を買い求めるのにお金を惜しまない」など、これまでのビール業界の常識を覆す改革を打ち出した。

樋口はすれ違う社員に「悩みはあるか？」と尋ねることが多かった。「ありません」という回答には「ないのは仕事をしていない証拠だ！」と怒鳴り、悩みをいろいろ打ち明けられると「重要な順に答えろ！」と怒鳴ったという。

向上心を持ちながら、優先順位の高いものから問題点を解決していく。アサヒビールを倒産から救ったのは、樋口のそんな姿勢があったからだろう。

定年まで四十年というと10種類以上の学士になれる

——三澤千《ち》代《よ》治《じ》（ミサワホーム創業者）

三澤千代治《ちよじ》は1938年、新潟県生まれのミサワホーム創業者。日本大学理工学部建築学科を卒業するが、大学4年のときに病を患って入院したため、就職することができなかった。そこでパネルの接着工法を考案し、材木商を営んでいた父に学びながら、自ら販売に乗り出した。

ミサワホームを設立したのは大学を卒業してから7年後の1967年、29歳のときである。1971年には、東証二部に上場し、ミサワホームを一時は日本最大手の住宅メーカーへと成長させた。33歳での上場は当時最年少だった。もし在学中に病気になっていなければ、経営者としての人生はなかったかもしれない。

2004年3月にMISAWA・internationalを設立した三澤の言葉がこれだ。向上心を持てば、人生はいつまでも学びに満ちて刺激的だ。

会社の核になる人材は、
やはり『ズケズケマン』になるだろう

――伊藤雅俊（イトーヨーカ堂グループ創業者）

東京生まれの伊藤雅俊は、イトーヨーカ堂、セブン-イレブン、デニーズなどイトーヨーカ堂グループの創業者。

横浜市立商業専門学校（現：横浜市立大学）を卒業後、三菱鉱業などを経て、家業の洋品店羊華堂に勤めた。母と兄が経営に奮闘する後ろ姿を見て育った伊藤は、兄を病気で失うと社長に就任。本格的なチェーンストアにすることを夢見て、１９５８年、株式会社ヨーカ堂を設立した。７年後にイトーヨーカ堂と改称し、現在に至っている。

伊藤が日本で初めてのコンビニエンスストアとして「セブン-イレブン」第１号店を東京都江東区にオープンしたのは１９７４年のこと。開業当時には「日本の風土には適さない」という反対意見も多かったが、それがいかに的外れだったかは、今の生活を見れば一目瞭然であろう。

伊藤は「〝イエスマン〟は我が身大事の〝勤め人〟で、決して〝稼ぎ人〟〝核になる人〟ではない。リーダーシップを発揮して、仕事を積極的にする人は、どうしても〝ズケズケマン〟になる」として、この言葉を続けた。

モチベーションが高いからこその会社批判もある。社員からの厳しい意見にも、どれだけ耳を傾けられるかどうか。社長の器が問われるところだ。

鳥になったつもりで、
高い所から鳥瞰してみたらどうだろう

——小倉昌男（ヤマト運輸社長）

小倉昌男は、ヤマト運輸株式会社の経営者。父の康臣が30歳のときに現在のヤマト運輸にあたる大和運輸を起業したが、長男が早くに亡くなったため、次男の昌男がその後を継いだ。いわゆる2代目社長だが、その功績は創業者よりも大きい。

小倉は1971年、社長に就任した。だが、その2年後にオイルショックに襲われて経営が悪化。そこで、大口貨物ばかり扱う現状を打破するために、小倉は日本初の宅配便「宅急便」を立ち上げようと考えた。

だが、小倉のアイディアに、周囲は大反対。役員はもちろん、創業者の父までもが反対に回った。当時の運送業界では「小口荷物は集荷・配達に手間がかかり採算が合わない」というのが常識であり、家庭からいちいち集めて、小さな荷物を何度も運ぶなど間違いなく赤字になる、という意見が大半だった。

しかし、小倉は1976年1月、宅急便の営業を決行。初日の利用は全国でわずか11個だったというから、小倉も冷や汗をかいたに違いない。それから徐々に認知されていき、宅急便は今やわれわれの生活に欠かせないものになっている。

業界の常識を覆した男の言葉がこれだ。気づかないうちに、視野が狭くなっていないだろうか。想像の羽を伸ばして、大空へと高く舞い上がろう。

常に普通の人たちのそばにいろ

——イングヴァル・カンプラード（イケア創業者）

スウェーデンのけちん坊――。自らをそう呼ぶのは、イケア創業者であるイングヴァル・カンプラードだ。

わずか5歳にして、近所の人たちにマッチを売るというビジネスを始めた。「イケア」を起業したのは17歳のとき。当初はペン、鉛筆、写真フレーム、腕時計などを販売していたが、１９４８年から家具の販売に乗り出す。

徹底したコスト削減を図ったカンプラードは、家具を分解して収める「フラットパック」を導入。安価なのにデザイン性が高い家具は、たちまちファミリー層を中心に熱く支持されることになる。

大企業の社長になっても、飛行機はエコノミークラスに乗るのはもちろんのこと、食事も質素。カジュアルな服装で、近くの市場に出かけては、値切ることも忘れない。そんな「けちん坊」カンプラードは、経営者の姿勢について、次のように説いている。

「問題は、その大衆が何を求めているのかをどのようにして見きわめるのか、それにどう応えるのが最良なのか、ということだ。私の答えは、常に普通の人たちのそばにいろ、ということだ。というのも、もともと私自身がその普通の人だからだ」

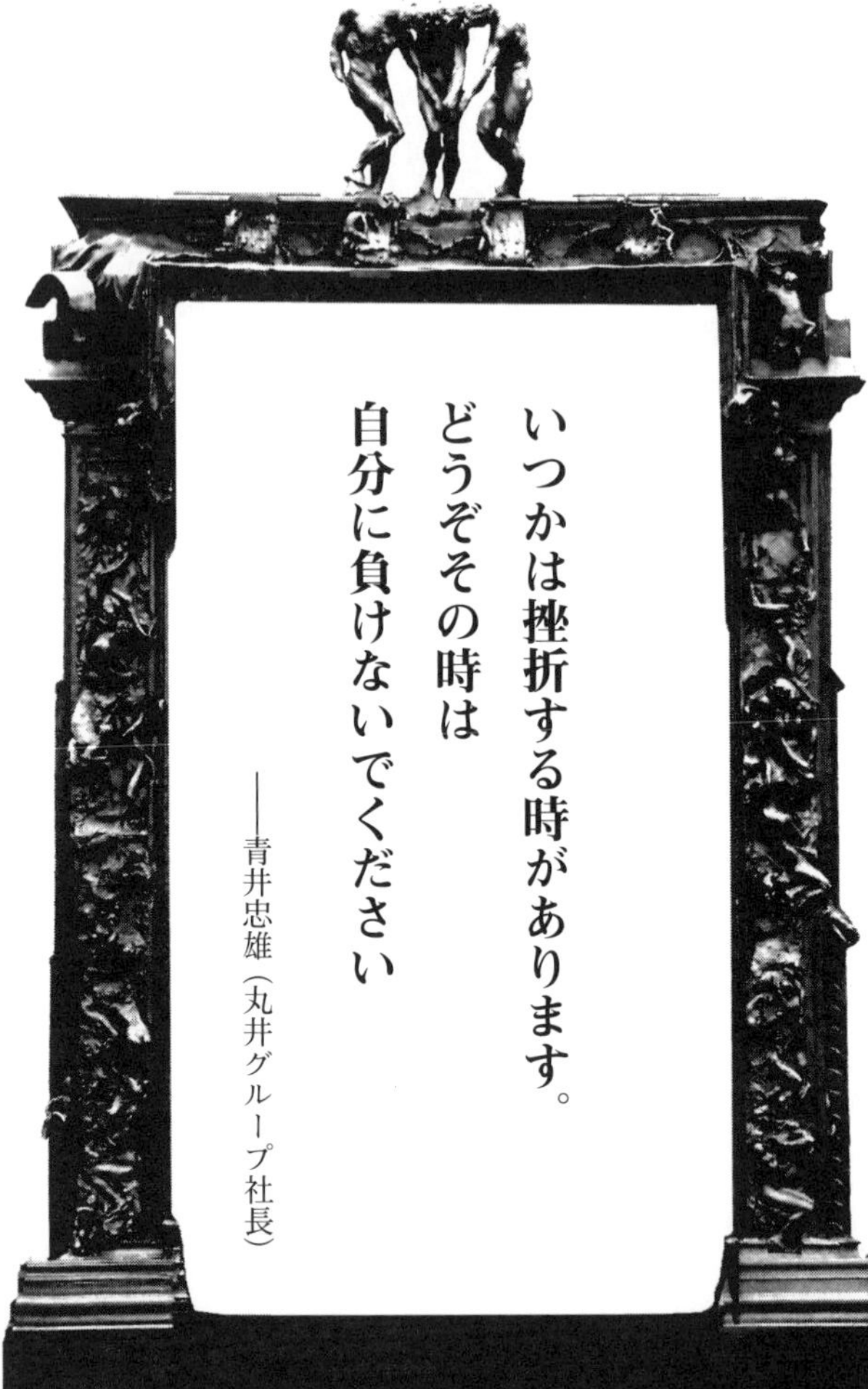

いつかは挫折する時があります。
どうぞその時は
自分に負けないでください

——青井忠雄（丸井グループ社長）

丸井グループの経営者・青井忠雄は、日本で初めてクレジットカードを発行した父・忠治のあとを継ぎ、30期連続の増収増益を実現した。「月賦」を「クレジット」と言い換えて、消費者の生活に浸透させた。

父は創業者の青井忠治で、いわゆる2代目社長だが、だからこそ、自分のカラーを出したいという思いも強かったようだ。業態の近代化に力を入れ、ヤング層にターゲットを絞った商品展開で店舗を拡大させた。

しかし、成功ばかりではない。アメリカで学んできたスーパー方式の店を手がけて失敗したこともある。巨額の赤字を出してしまい、1年ほど引きこもって、ノイローゼに苦しんだ。

鬱々と悩み抜いた末に青井は「まったく素直に、親父の昔やってきたことを研究しよう」と本業に専念。39歳で社長になると、１９７２年から２００５年まで33年間で、売上高を約10倍に伸ばした。

当時を振り返って、母校である東京都立新宿高等学校の60周年記念講演で生徒たちに言った言葉がこれだ。後に「どんな苦境のときも、自分と戦って打ち克たなければ、負けてしまうと思います」と続けて、後輩たちにエールを送った。

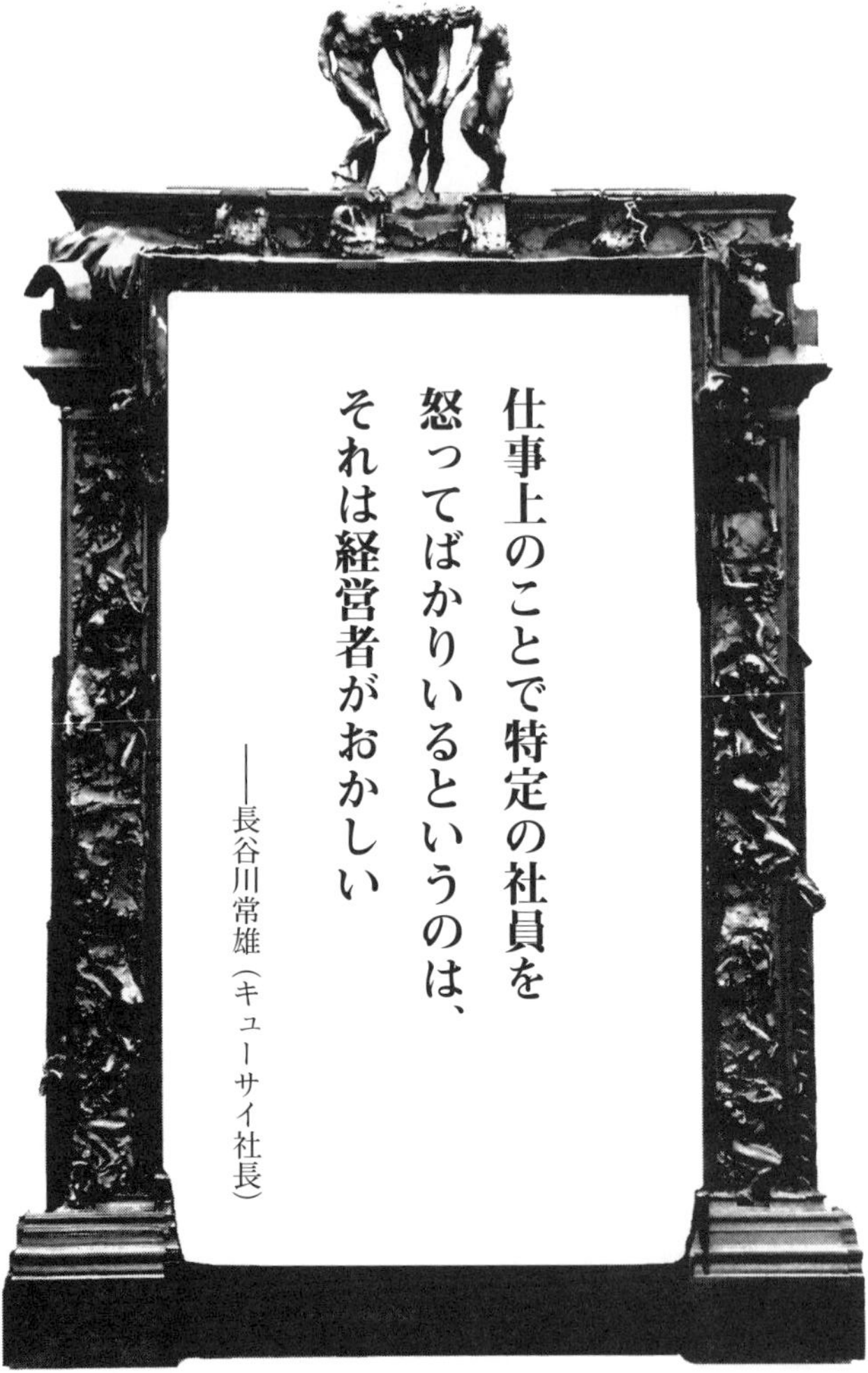

仕事上のことで特定の社員を
怒ってばかりいるというのは、
それは経営者がおかしい

——長谷川常雄（キューサイ社長）

「まずい！　もう１杯！」というインパクトのある青汁のＣＭで、有名な健康食品加工会社・キューサイ。

もともとは創業者の長谷川常雄が１９６５年、福岡県に小さな菓子製造販売会社を起こしたことが始まりだった。大手食品メーカーであるニチレイと協力して冷凍食品の製造に取り組み、順調に業績を伸ばしてきた。

キューサイが健康食品の製造・販売を行うようになったのは、長谷川が突然病に倒れてしまったからだ。後遺症に苦しむ彼の体調を回復させたのが、１日１杯の手作り野菜ジュースだった。

健康によいものを世の中に広めたい――。

自らの経験から健康と食の大切さを知った長谷川は、その一心で無添加、国産のケールにこだわり、青汁の製造・販売を開始した。

さらに経営者としてのノウハウを指導する「長谷川塾」を立ち上げ、後進の指導を行った長谷川。これは「社員それぞれに合った仕事を与えていれば、ミスを繰り返すようなことはない」という彼の経営者理念に基づく言葉である。

自分しか歩けない道を
自分で探しながら
マイペースで歩け

——田辺茂《も》一《いち》（紀伊國屋書店創業者）

全国チェーンの大型書店として知られる紀伊国屋書店。

創業者の田辺茂一は１９０５年、炭問屋「紀伊國屋」の跡取りとして東京の新宿に生まれた。慶応義塾高等部を卒業した田辺が、紀伊國屋書店を開業したのは、若干21歳のときだった。

創業時は、炭屋の片隅にひっそりとある小さな書店に過ぎなかったが、戦火による被害を乗り越え、１９６４年に今の新宿本店を建築した。さらに、５年後には最大の売り場面積を持つ書店として、大阪・梅田本店をオープン。広々としたワンフロアでの売り場作りは、大きな話題となった。

大型書店の仕掛け人・田辺の言葉がこれである。他人と同じような成功を目指すから難しい。誰も歩かない道を見つけられたならば、あとは実行あるのみだ。

第4章 成功をつかむ言葉

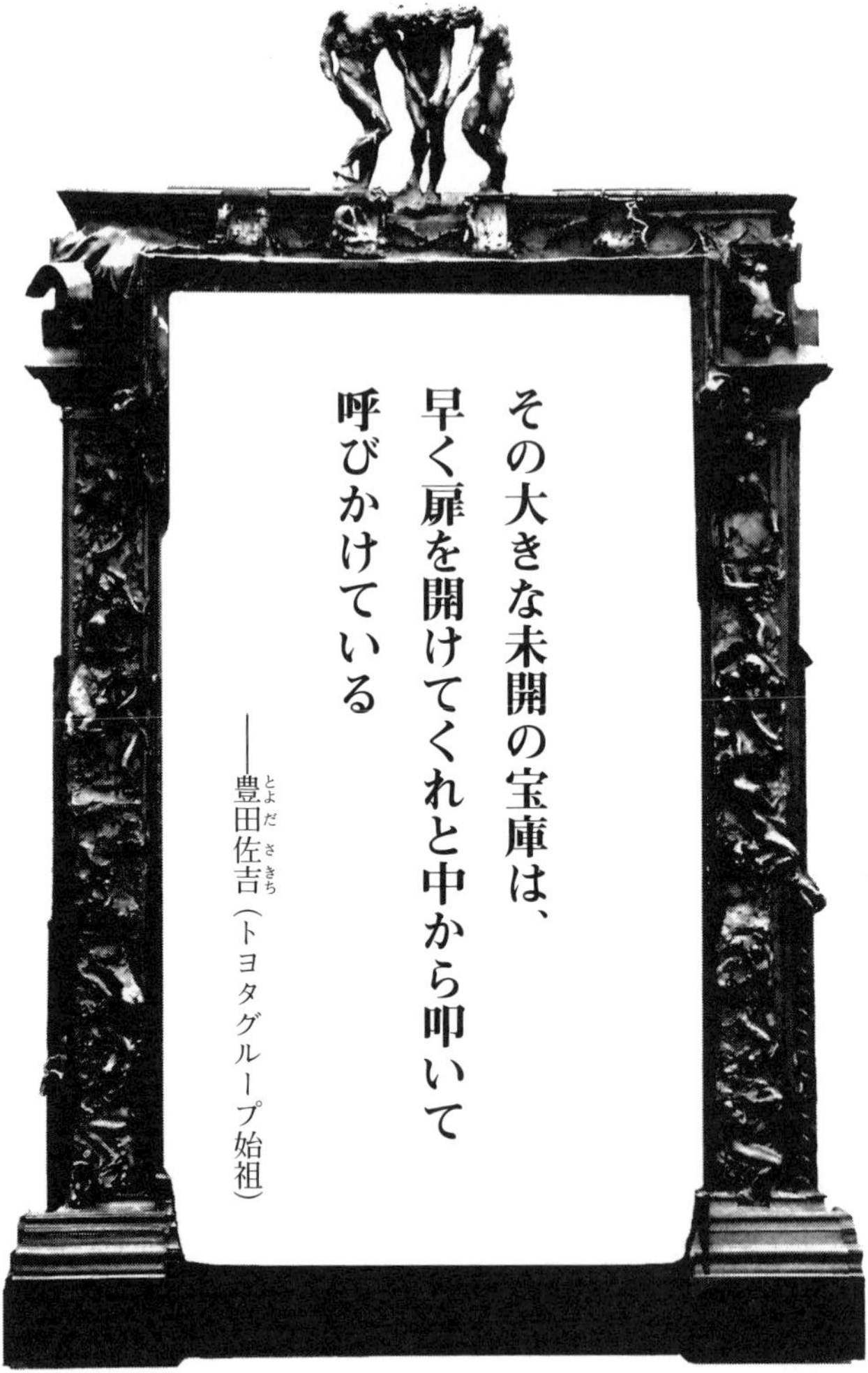

その大きな未開の宝庫は、
早く扉を開けてくれと中から叩いて
呼びかけている

——豊田《とよだ》佐吉《さきち》（トヨタグループ始祖）

モノづくりへの熱き情熱が、まだ誰もたどり着いたことのない場所へと連れて行ってくれることがある。「世界の織機王」と呼ばれた、トヨタグループの始祖・豊田佐吉《とよださきち》は、自動織機の開発にその生涯を捧げた。佐吉は戦前の教科書においては、日本の偉人として登場する人物である。

名古屋の織物工場の職工の道へと進み、木製の人力織機を発明したのは、23歳のとき。製品へのこだわりは、職人だった父から譲り受けたものだろう。いかに労働者の負担を減らし、高品質の製品を作り上げるかに腐心し続けた。

欧州視察を経て、帰国後には豊田自動織布工場を創設。１９２４年、ついに世界で初めて、すべてを自動で行う無停止杼換式《ひがえしき》豊田自動織機（G型）を完成させる。最初の人力織機を開発してから34年もの月日が流れていた。

いつまでもチャレンジ精神を失わなかった佐吉の言葉がこれだ。

その後も多数の特許を取得し、アメリカ、ドイツ、イギリス、フランスなどでその功績が認められた。

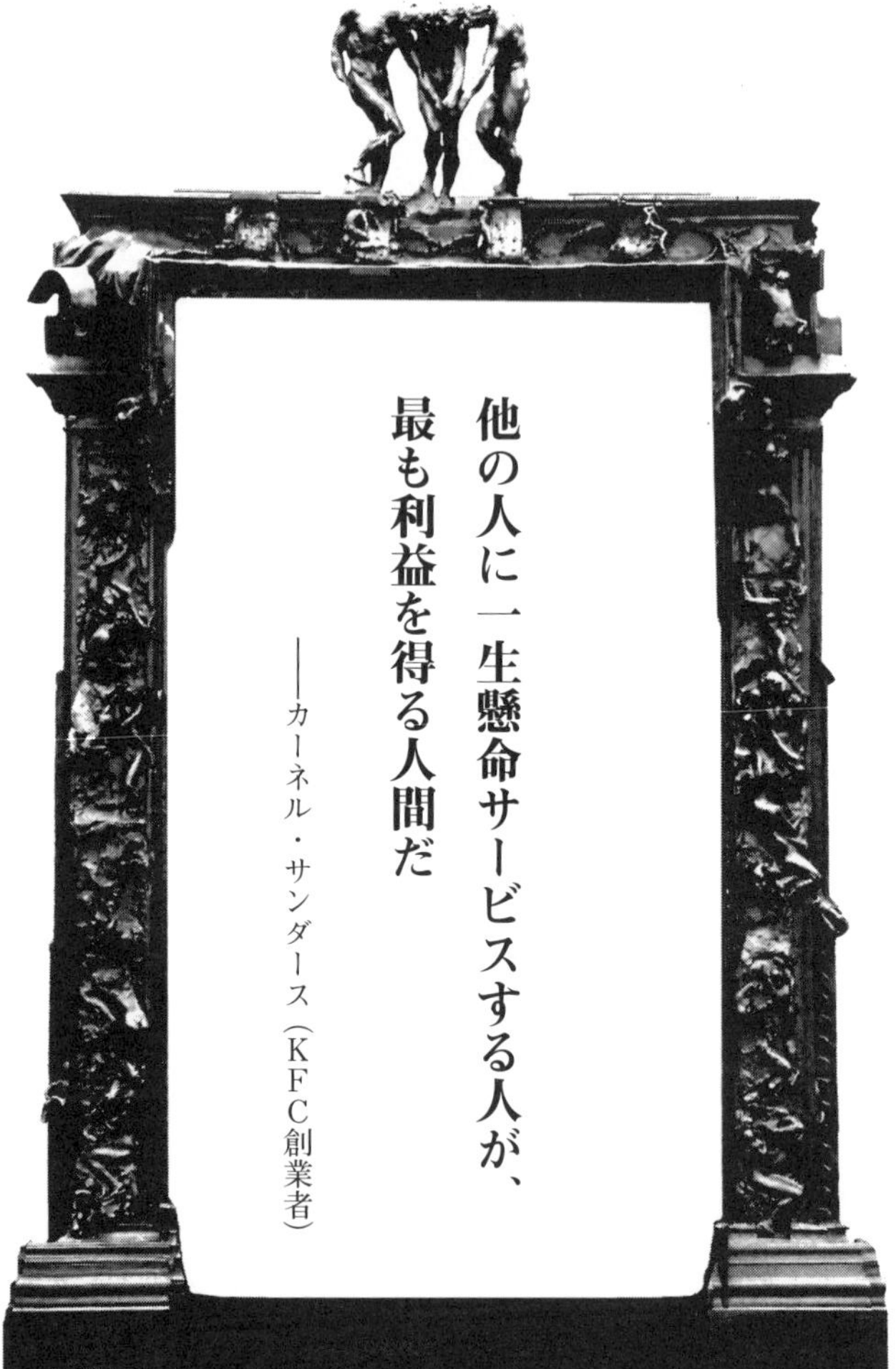

他の人に一生懸命サービスする人が、
最も利益を得る人間だ

――カーネル・サンダース（ＫＦＣ創業者）

「カーネルおじさん人形」でよく知られている、カーネル・サンダース。

農場の手伝い、鉄道会社の車掌、弁護士（実習生）、保険外交員、秘書、ランプの製造販売、タイヤのセールスマン……など、若い頃に体験した職は数知れず。ケンカをしては職場を追い出されて、転職する日々だった。

雇われの身だと、どうにも仕事が長続きしないので、30歳のときに独立。ガソリンスタンドの経営に乗り出すと、持ち前のサービス精神を存分に発揮した。

無料で車内の掃除をし、タイヤの空気もチェック。長距離ドライバーが宿泊できるように、モーテルまで併設した。さらに腹を空かせたドライバーが多かったので、カフェを作ってチキンを調理したことが、後のケンタッキー・フライドチキン（ＫＦＣ）の原点となる。

大不況やハイウェイ建設による経営難もあれば、火事で店が焼けてしまったこともあった。どんな苦難に襲われても、カーネルが屈しなかったのは、顧客サービスを徹底すれば、必ず道は開けると考えていたからだ。

本格的にチキンで勝負することを決意したのは、65歳のときだった。

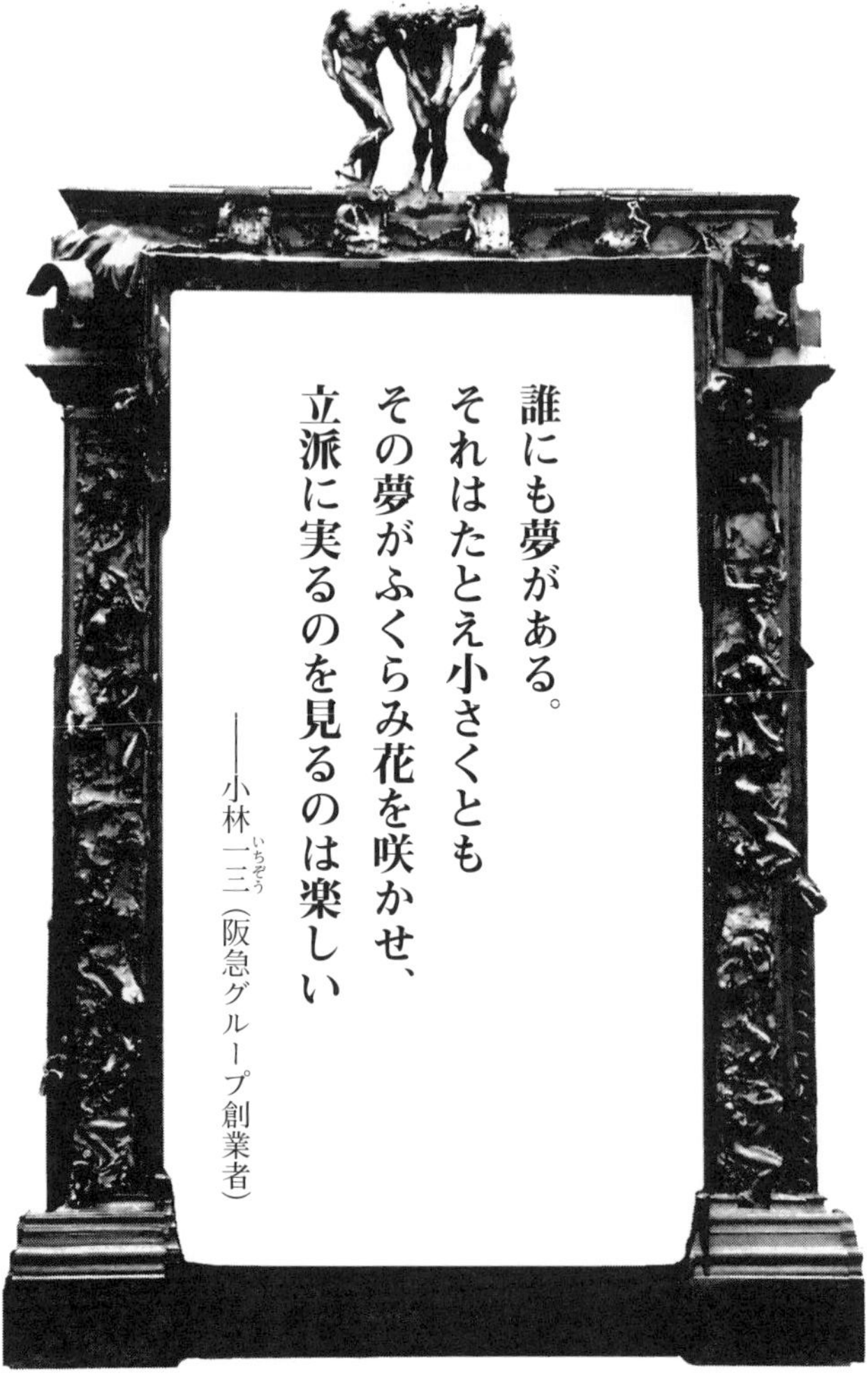

誰にも夢がある。
それはたとえ小さくとも
その夢がふくらみ花を咲かせ、
立派に実るのを見るのは楽しい

――小林一三《いちぞう》（阪急グループ創業者）

どんな会社にも一人はいる、使えないサラリーマン。阪急グループの創業者・小林一三《いちぞう》は、まさにそんなタイプだった。

もともとは作家志望で、大学卒業後は新聞社への就職を希望していたが叶わず、全く興味がない銀行へ。あろうことか、入社日から３カ月も遅れて、ようやく出社する始末だった。

銀行内では冷遇され、配属された部署からも左遷。34歳で鬱屈した銀行員生活にピリオドを打つ。紆余曲折を経て、一三が乗り出したのが鉄道事業だった。

しかし、その道のりは険しく、鉄道会社を設立するために、一三は退職金をつぎ込み、さらに友人・家族から借金をしてまで資金を集めたこともあった。

また、鉄道会社としては後発だったため、人通りのない田舎にしか線路を敷けなかったが、沿線の広い土地を買収して住宅の月賦販売を開始。さらに、動物園、温泉、宝塚歌劇団などをオープンして、人の流れを変えることに成功した。

一人でも多くの乗客を取り込もうと、悪条件を逆手に取ったアイディアマンの言葉がこれ。宝塚歌劇では脚本を自ら手がけ、作家の夢もちゃっかりと実現させている。

組織を活かすのは人間だ。
機械でもなければ工場でもない

――ロックフェラー（石油王）

ジョン・ロックフェラーは1839年、ニューヨーク州ティオガ郡リッチフォードで農夫の息子として生まれた実業家。

ロックフェラーが働き始めたのは16歳のとき。会社で雑用係兼簿記見習いとして3年間勤務した後、農作物ビジネスによって19歳で独立を果たした。

成功を収めていたが、新しい燃料である石油の可能性に気づくと、すぐさま石油精製会社を設立して、石油業界へと転身を図った。

ロックフェラーは競合企業を次々と買収していき、スタンダードオイル・オブ・オハイオを設立。あらゆる土地に配送網を張り巡らせて、アメリカの全石油精製量の実に90%を握った。絶頂期には9億ドルもの資産を誇る石油王として、その名を轟かせるが、晩年は慈善事業に没頭した。

会社経営を知り尽くした男の言葉がこれだ。

どれだけ設備投資しようが、それを動かすのは人間。会社組織が機能するかどうかは、人的資源にかかっていることを忘れてはならない。

あんたの熱意には、負けたワ。
放送やりましょ

――吉本せい（吉本興業創業者）

数々の人気お笑い芸人を輩出している吉本興業。その創業者が、１８８９年に兵庫県明石市で生まれた吉本せいである。

夫の吉本吉兵衛とともに寄席興行の経営に乗り出したのは１９１２年のこと。夫の家業はもともと荒物問屋だったが、芸者遊び三昧で倒産。並みの妻ならそこで夫を見放すが、「夫の演芸好きをむしろ生かそう」と考えたのが、寄席を始めたきっかけである。その翌年には、吉本興業部（後の吉本興業）を設立した。

桂《かつら》春團治《はるだんじ》、エンタツ・アチャコらをはじめ多くの芸能人を育て上げるなど、夫の死後も、せいは名プロデューサーとして大阪演芸界を席捲した。

あるとき、エンタツ・アチャコの伝説の漫才『早慶戦』をラジオ放送したいというオファーがあった。断り続けた挙句に、せいがしつこい担当者に言った言葉がこれだ。

実は、ラジオ出演によって寄席の客が増えることは、せい自身も確信していた。だが、放送局サイドに主導権を握られないために、わざとなかなか許可しなかったのである。巧妙な駆け引きが、その後の運命を左右する。

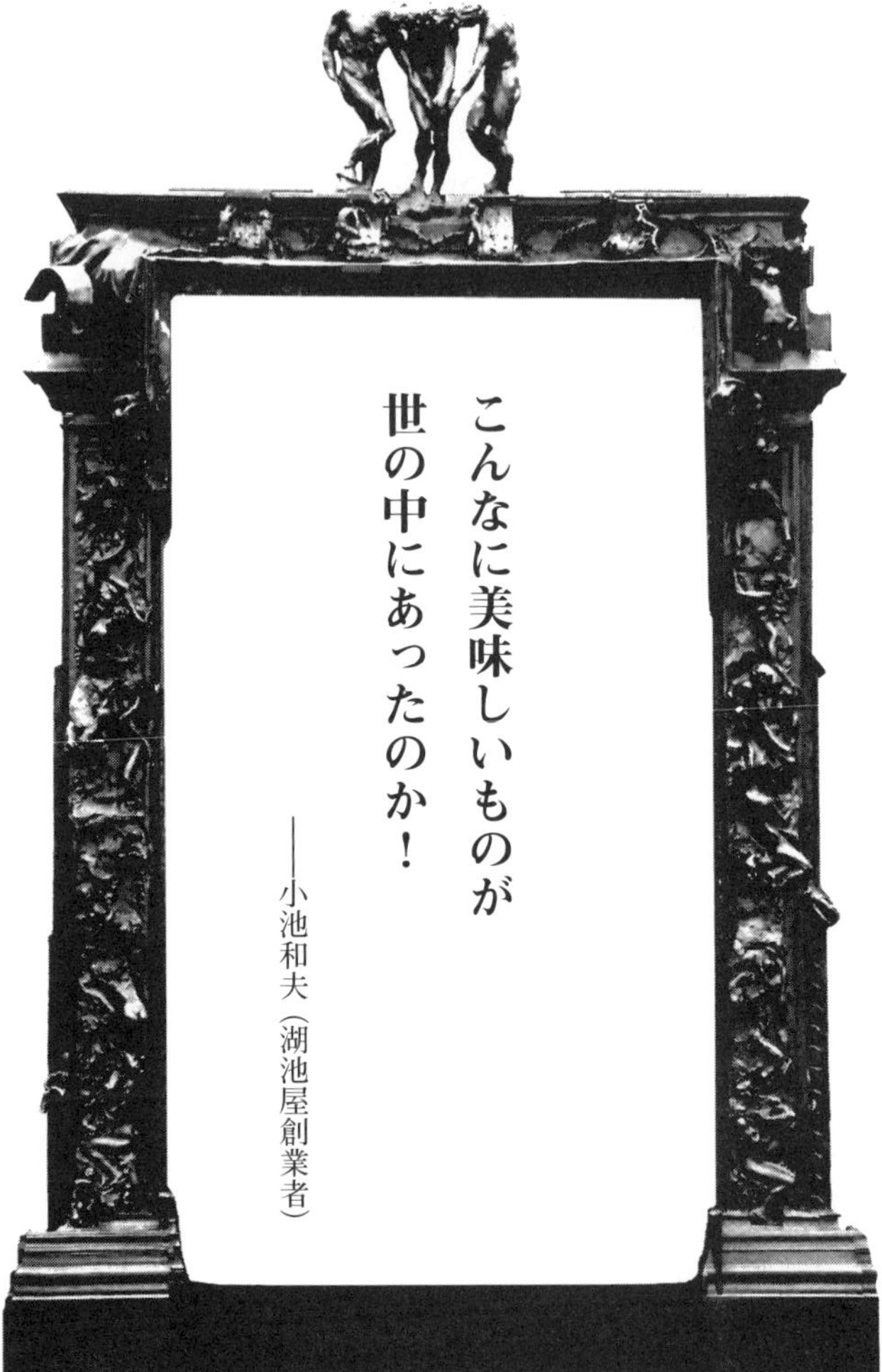

こんなに美味しいものが
世の中にあったのか！

――小池和夫（湖池屋創業者）

小池和夫はスナック菓子を中心とする菓子メーカー、湖池屋の創業者。

生まれは長野県で、諏訪湖のように大きな会社にしたいという願いを込めて、自分の名前を使った「小池屋」ではなく、漢字を変えて「湖池屋」とした。

湖池屋と言えば、何と言ってもポテトチップス。終戦後、小池はおつまみ製造会社を経営していたが、東京のスナックで初めて食べたポテトチップスがあまりにも美味で、思わずこう叫んだ。

「こんなに美味しいものが世の中にあったのか！」

当時まだポテトチップスは高級品で珍しいものだった。何とかこれを商品化したいと考えた小池は、どのじゃがいもの品質が日本人の味覚に最も合うのか、研究に研究を重ねた。もちろん種類だけではなく、揚げるときの温度設定と時間管理にも苦労させられた。

だが、どれだけ苦心しても小池の信念はブレることなく、１９６２年、ついに念願のオリジナルのポテトチップス「コイケヤポテトチップス　のり塩」を完成。日本人の味覚に合うように工夫されたポテトチップスは、大人から子どもまで人気のスナック菓子として愛されるようになったのだった。

アタマは使うが心痛はしない

——江崎利一《りいち》（グリコ創業者）

1粒で2度おいしい――。わかりやすく記憶に残る名コピーを考案したのは、グリコを創業した江崎利一《りいち》である。19歳で亡くなった父の跡を継いで、家業の薬種業に携わった。

33歳で初めて自分のアイディアでビジネス展開を行った。空き瓶の再使用に着想を得て、葡萄酒業を開始。２年後には九州における葡萄酒の販売高でトップクラスに輝いた。

しかし、江崎の人生を思えば、大成功に至るほんの序章に過ぎなかった。

40歳のときに「グリコ」を販売するとたちまち大ヒットとなる。３年前に煮汁からグリコーゲンの成分を発見し、病に伏していた長男に飲ませると見事に回復。そんな経験から「栄養菓子」という発想が生まれたことがきっかけだった。

商道ひとすじに歩んだ江崎のポジティブな言葉がこれである。

くよくよと過去を振り返ることなく、新しいことを生み出すためにこそ、頭を使おう。ちなみに、解説冒頭にある「アーモンドグリコ」のコピーを江崎が考えたのは、73歳のときのことだった。

それまでにないことができる可能性
はあるかもしれないと思った

——マーク・マコーマック（ＩＭＧ創業者）

「スポーツ選手のマネジメント」という今でこそ当たり前のビジネスにも、当然のことながら、パイオニアとなる人物がいる。インターナショナルマネジメントグループ（IMG）を起業したマーク・マコーマック、その人である。

プロゴルファーのアーノルド・パーマーと交流があったマコーマックは、人気急上昇中のパーマーが雑務に忙殺されていく様子を見て、彼と専属契約してマネジメントをすることを思いつく。今とは違って、まだゴルフにスポンサーなどついていなかった時代である。だからこそ、マコーマックは「それまでにないことができる可能性はあるかもしれない」と考えた。

小さい頃から熱中していたゴルフの世界から突破口を開いて、様々な個人競技でスポーツマネジメント事業を展開したマコーマック。

なぜそれほどゴルフが好きだったのか？　それは幼少時代に遭った自動車事故によって、野球もアメフトもできなくなり、唯一できたのがゴルフだったからだ。

人生に襲いかかる非情な不運さえも、どう転ぶかは最後までわからない。

中小企業の社長になったつもりで考えろ

——井《い》深《ぶか》大《まさる》（ソニー創業者）

井深大《いぶかまさる》は１９０８年、栃木県に生まれたソニーの創業者。

優秀な成績で名門中学校に入学するが、その後はテニスと無線に熱中し、留年するほど成績が落ちてしまう。しかし、無線への情熱は、発明家としての才能を開花させることになる。早稲田大学理工学部の在学中に「走るネオン」を発明し、パリ万国博覧会で優秀発明賞を受賞した。

就職活動では、意気揚々と東芝の面接試験に挑んだ。「やりたいことはたくさんあります。走るネオンは特許をとりました」とアピールしたが、「会社は、好きなことをやれるとはかぎらんよ」と面接官から諭されて、結果はまさかの不合格。そこで、写真化学研究所を経て盛田昭夫らと東京通信工業を設立したのが、ソニーの始まりである。

世界に誇る一大企業を築いた井深が、仕事に悩む部下によく言っていた言葉がこれだ。サラリーマン根性を捨てて、責任感と決断力をもって仕事に当たれば、見える景色も違ってくるだろう。

今日の経験を明日用いない者には
大成功は望みがたい

——大倉《おおくら》喜《き》八郎《はちろう》（大倉財閥創設者）

大倉財閥の創設者・大倉喜八郎《おおくらきはちろう》が、最初に成功を収めたのは鉄砲ビジネスだった。17歳で江戸を出て、乾物の商いに携わっていたが、30歳で鉄砲店の大倉屋を開業。実際に足を運んで、横浜の港で輸入されているのを視察した結果、閃いたビジネスだった。

最初は苦戦して、両替商を兼業せざるを得なかった。だが、時代は喜八郎の読み通りに動く。やがて官軍、幕府軍の両方から洋式兵器の注文が入るようになり、喜八郎は大成功を収めることになる。

一度うまくいくと、その成功体験に縛られる経営者はよくいるが、喜八郎は違った。

明治維新後に鉄砲ビジネスから身を引くと、私費でロンドンやイギリスなど海外視察へ。その経験を活かして、帰国後は初めての貿易会社を銀座に設立。36歳という年齢で、全く未知の世界へと飛び込んでいった。さらに建設・土木業への進出も果たし、大倉財閥を築くことになる。

未開発の新しいことにチャレンジした喜八郎の言葉。誰よりも早く失敗することで、誰よりも早くビジネスを拡大させることができる。

俺はその日のことは
その日のうちに忘れる主義だ

――五島《ごとう》慶太《けいた》（東急グループ創始者）

東急グループの創始者の五島慶太《ごとうけいた》は、人生の転機を何度か迎えている。まずは25歳のとき、英語教師の身だったが、官僚を目指すために東京帝国大学法学部へ進学を果たす。農商務省に就職し、鉄道院に勤務した。

2回目の転機は38歳のときだ。官僚を辞めて鉄道業界へと転身。武蔵野電気鉄道の常務を経て、目黒蒲田電鉄の設立に参加した。

その後、池上電鉄、玉川電鉄、京浜電鉄など東京近郊の私鉄を次々と統合。東京西南部全域の私鉄網を傘下に置く「大東急」を築き上げただけではなく、バス輸送、デパート、映画などの事業も吸収してしまった。

強引な経営手法から「強盗慶太」と恐れられた男は、なぜこれほどまで人生の局面で大胆な転身を図れたのか。そのヒントがこの言葉には隠れている。成功も失敗も忘れ去ることで、新たな局面が生まれる。

生活者発で、
国でも企業でもない、
人間が主役の社会を創りたい

——今野由梨（ダイヤル・サービス創業者）

１９３６年、三重県に生まれた今野由梨は、「ダイヤルＱ２」の原型を作った、女性起業家の草分け的存在。

津田塾大学を卒業するが、まだ女性の社会進出が珍しい時代で、ことごとく就職試験に失敗。職を転々とした後、万博のコンパニオンとして単身渡米し、「電話応答サービス」を知ることになる。

帰国後、起業を決意し、アルバイトの掛け持ちで開業資金を稼いで、１９６９年、日本初の電話秘書サービス会社「ダイヤル・サービス」を設立。電話相談サービス「赤ちゃん１１０番」を立ち上げると、子育てに悩む多くの母親からの電話で、一時は電話回線がパンクするほどだった。

その後も「食の生活１１０番」「税金オピニオンダイヤル」「セクハラホットライン」など、様々な電話サービスを展開。この言葉通り、今野は女性ならではの視点と発想で、新しい道を切り拓いた。

ソーシャルニーズを市場化する

——立石一真《かずま》（オムロン創業者）

立石一真《かずま》は１９００年、熊本県生まれ。熊本高等工業学校電気科を卒業後、兵庫県庁を経て電機メーカーへ就職するが、経済恐慌でリストラが実施される。希望退職が募られると、30歳の立石は応じることを決断した。

独立した立石は、ズボンプレスやナイフ・グラインダーなど自分が考案した商品を売り歩いて、苦しいながらもなんとか日銭を稼ぐ。苦難の時代から抜け出すきっかけは、同級生から持ちかけられた「レントゲン写真撮影用タイマ」である。立石は早速、試作品を作ると、大口の注文を受けることができた。オムロンの前身にあたる立石電機を創業したのは、勤め先を辞めてから3年後、33歳のときである。

１９６０年には「無接点近接スイッチ」の開発に世界に先駆けて成功。ATMや自動改札など無人駅システムも立石電機の技術によるものである。

高度な新技術で人々の生活を変えた立石が、よく言っていた言葉がこれだ。社会が何を必要としているか。いち早く感じてマーケットに落とし込むこと。

言われのない社会通念や古い意識を
変えるときや

――高原慶一朗（ユニ・チャーム創業者）

高原慶一朗は1931年、愛媛県生まれ。大阪市立大学商学部を卒業後に関西紙業に入社。29歳で大成化工（現：ユニ・チャーム）を設立し、建材板紙の製造販売を行った。

転機が訪れたのは、起業して2年後のこと。アメリカ滞在中に、生理用品が堂々と販売されているのを目の当たりにした高原は、日本の意識がいかに遅れているかを実感。男性社員の猛反発を受けながらも、生理用品の取り扱いに踏み切った。商品開発のために、高原は自ら生理用品を装着して寝ていたという。

苦しむ女性のために――。その思いは、子どもや高齢者にまで広げられ、ユニ・チャームは生理用品・ベビー用・大人用紙おむつにおいて、シェアNO・1を誇る企業へと成長している。

社員が去っていっても信念を貫いた高原の言葉がこれだ。

金儲けだけではビジネスはつまらない。世の中の役に立ちたいという強い思いが、未知なる市場を開拓させる。

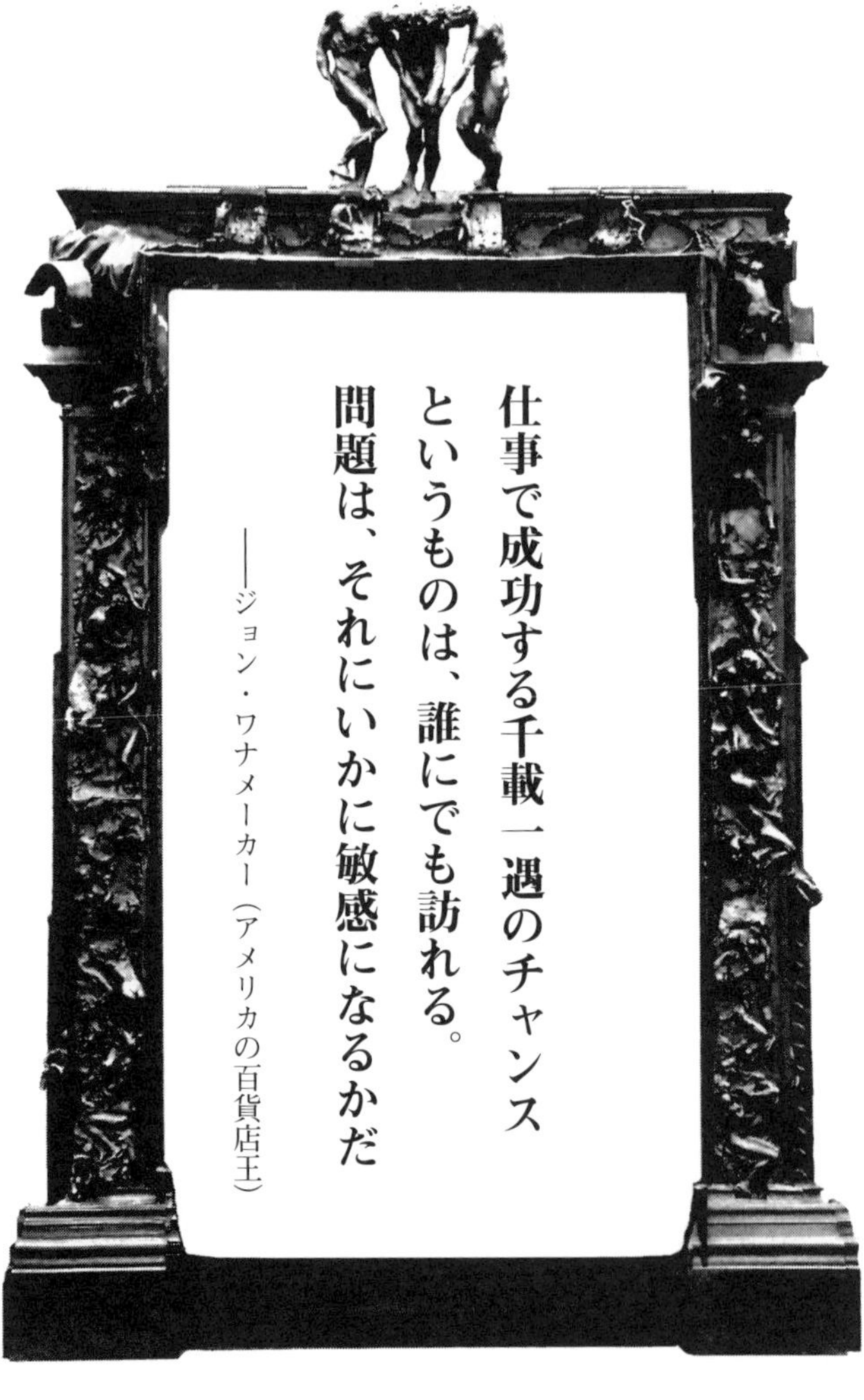

仕事で成功する千載一遇のチャンス
というものは、誰にでも訪れる。
問題は、それにいかに敏感になるかだ

――ジョン・ワナメーカー（アメリカの百貨店王）

ジョン・ワナメーカーは、アメリカで初めてデパートメントストアを開業させた百貨店経営者。

起業したのは23歳のときで、妻の兄とともに「オークホール洋服店」を開業。アイディアマンだったワナメーカーは、返品制度や価格制度の統一という画期的な手法を導入した。今ではどちらも当たり前になっていることだが、顧客サービスを何よりも重視するのが彼の経営スタイルだった。

幼少の頃から貧しかったワナメーカーは、学校にも行かず、レンガ工の父を手伝ったり、弁護士事務所や印刷会社で働くなどして、家計を支えた。

貧しいながらも、貯めたお金で母にクリスマス・プレゼントとして襟飾りを買ったときのこと。後でもっと良いものを見つけたが、「取り替えたい」と頼んでも店には聞き入れられなかった。その悔しい経験が後に返品制度の導入というアイディアを生むことになる。

この言葉通り、飛躍のチャンスを活かして、百貨店王へとのし上がった。

売上げの低迷を世の中や
政治のせいにするのは、
己れの知恵の無さや
勉強不足を露呈しているにすぎない

――藤田田《でん》（日本マクドナルド創業者）

日本マクドナルドの創業者・藤田田《でん》が経営者を志したのは、大学生のときだった。ＧＨＱの通訳の仕事を通じてビジネスに興味を持った藤田は、東京大学法学部を卒業する前年に、輸入雑貨販売店「藤田商店」を設立している。

女性ブランド商品やゴルフ用品を手がけた後に、藤田はファストフード業界へと目をつけた。１９７１年、藤田は米国マクドナルド社と提携し、東京の銀座に日本で初めてマクドナルド店をオープンさせた。

その人気は一時的なブームに終わらず、藤田は全国にマクドナルドを展開。わずか10年あまりで、国内の外食産業で中心的な存在となった。

「日本におけるハンバーガーの父」と呼ばれた藤田の言葉がこれだ。

時代の巡り合わせを言い訳にしなかった藤田は、バリュー戦略や平日半額バーガーなど、デフレならではの経営戦略で売り上げを増大させた。

好奇心を持って物事を見ていると
かならず面白いことがある

——岩堀《いわほり》喜《き》之《の》助《すけ》（マガジンハウス創業者）

戦後まもない日本で一世を風靡した、芸能娯楽誌「平凡」。

岩堀喜之助《いわほりきのすけ》が平凡出版を立ち上げ、雑誌創刊に踏み切ったときは、誰も成功するとは思わなかった。食糧難で雑誌どころではない社会情勢だったからだ。

無謀なことは岩堀も百も承知で、「絶対儲からない仕事ですが、私の夢にお金を出してください」と親戚中を回って資金援助を求めた。この雑誌を創刊するために、岩堀は家の田んぼまで売ってしまった。

ひたすら周囲に頭を下げながらかき集めた資金で、なんとか雑誌を出すと、これが３万部という爆発的なヒットとなった。

戦後日本の文化を形作った岩堀の言葉がこれだ。その後も常に好奇心を持つことを忘れずに「週刊平凡」「平凡パンチ」「ａｎ・ａｎ」などを創刊。若者から絶大な支持を受けることとなった。

ふれ合う一人ひとりに最高のものを

――エスティ・ローダー（エスティ ローダー創業者）

高級化粧品ブランドとして、今なお世界中の女性に愛される「エスティ ローダー」。創業者であるエスティ・ローダーの物語は、日本ではあまり知られていないが、母国アメリカでは一つのサクセス・ストーリーとして語り継がれている。

ニューヨークの片隅で移民の娘として生まれたエスティ。彼女の事業は、化学者である叔父が作ったスキンクリームを、美容室やリゾートクラブで地道に売り歩いたことから始まった。

苦労の末、デパートに小さな販売カウンターを持つことに成功した彼女は、カウンターに訪れた顧客一人ひとりに合わせた化粧品を提案し、スキンケアのアドバイスを丁寧に行った。当時まだ珍しかったこの接客スタイルが評判を呼び、ついにはゼネラル・モーターズビルにオフィスを構えるまでに事業を成功させた。

晩年、周囲に「最も幸せな瞬間は、店頭でのデモンストレーションや顧客とふれあうこと」と語り、カウンターに立ち続けたエスティ。創業時の揺るぎない信念を貫き通した女性の名言である。

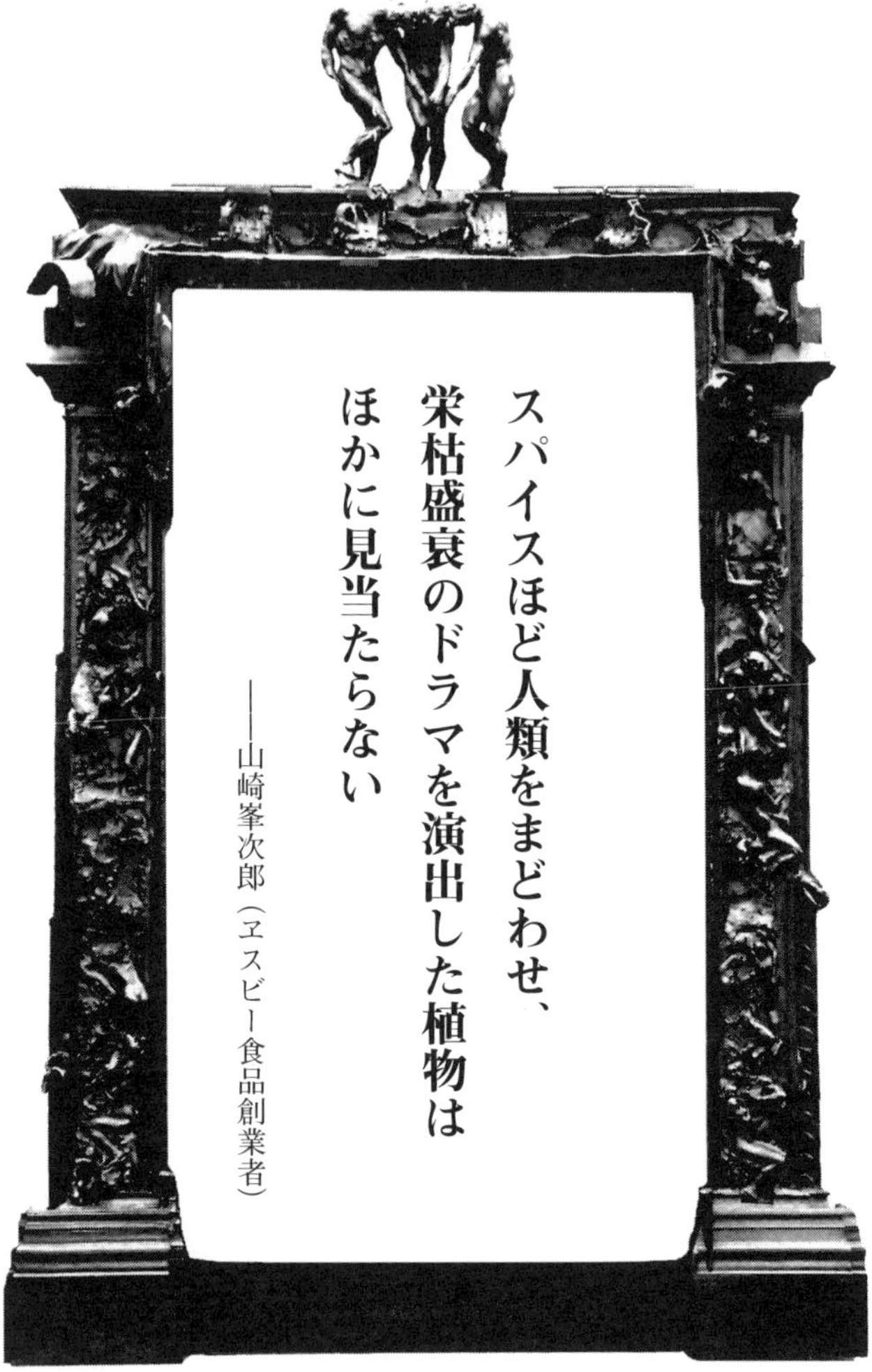

スパイスほど人類をまどわせ、
栄枯盛衰のドラマを演出した植物は
ほかに見当たらない

――山崎峯次郎（ヱスビー食品創業者）

ヱスビーの創業者・山崎峯次郎が埼玉県から上京して、ソース屋に勤めたのは17歳のときだ。その頃に食べたカレーライスの魅力にとりつかれ、カレー粉の製造に夢中になっていく。

トライアルを重ねながら、山崎は日本で初めてカレー粉の製造に成功。20歳のときには、ヱスビー食品の前身となる「日賀志屋」を創業し、様々な種類のカレースパイスを世に送り出した。

山崎は自社の利益のみを追求することなく、業界活動も活発に行った。東京都ソースカレー製造業協会、全国蕃椒製粉工業組合、日本カレー振興会、全国カレー工業組合総合会、全国カレー工業協同組合連合会など、山崎が設立に携わったり、会長や理事長を務めたりした会は実に多い。

これは、カレー・香辛料業界を牽引し続けた山崎が、著書『スパイス・ロード』で、最後に綴った言葉。

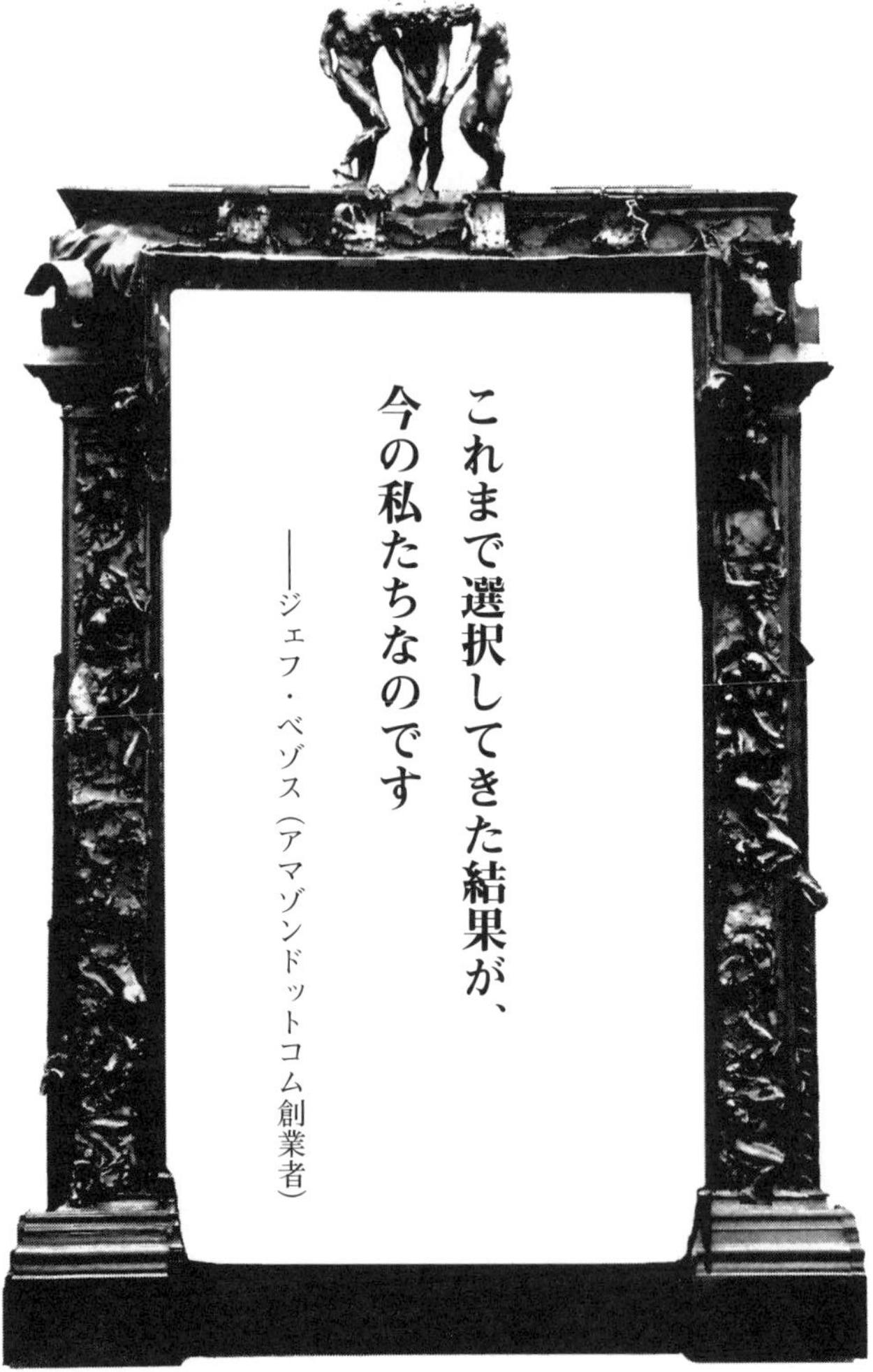

これまで選択してきた結果が、
今の私たちなのです

――ジェフ・ベゾス（アマゾンドットコム創業者）

ジェフ・ベゾスは１９６４年、ニューメキシコ州生まれのアマゾンドットコムの創業者。

プリンストン大学でコンピュータサイエンスと電子工学の分野で学士号を取得した後、ニューヨークで金融アナリストとして投資会社に勤務。オンライン商取引に可能性を感じたベゾスは、金融界から退くことを決意する。

シアトルへと移住し、妻の後押しを受けながら、書籍の小売サイトを立ち上げたのは１９９４年、30歳のときのことだ。翌年には、アマゾンドットコムに改名し、起業からわずか４年で売上高２億５２９０万ドルを達成。ｅコマース革命を巻き起こして、インターネットの分野における成功者となった。

起業へ踏み切ったのは、インターネットが急拡大を続けていることにベゾスが気付いたからである。オンラインで売るのには何が適しているのか、絞り込んだ結果、残ったのが「書籍」だった。

ベゾスが、母校の卒業式のスピーチで卒業生に送ったのが、「We are What We Choose（これまで選択してきた結果が、今の私たちなのです）」という言葉だ。

現状に納得できないならば、その原因は自分が行った過去の選択に原因がある。そのことから目をそらしては、いつまでも足踏みするばかりだろう。

第5章 己を信じる言葉

会社を繁栄させるには、
皆も一人ひとりが
誠意を持ってやるしかない。
私も皆を信じる

——御《み》手洗《たらい》毅《たけし》（キヤノン創業者）

未曾有の不景気のなか、本業とは別に副業でも稼ぐサラリーマンも少なくないだろう。「病院の医師と経営者」という、極めてユニークな二足の草鞋を履いたのが、キヤノンの創業者・御手洗毅《みたらいたけし》である。

御手洗は医学部を卒業後、日本赤十字病院に産婦人科医として勤務。その数年後、知人たちが興した「精機光学研究所」に参画するが、当初は資金集めを担当していたに過ぎなかった。

だが、１９４２年、太平洋戦争によって主力メンバーがシンガポールへと赴任することとなり、御手洗の運命は一転。その頃には１００人を超えていた従業員たちが、創業メンバーでもある御手洗の社長就任を強く望んだのである。

迷った末、41歳の御手洗は社長に就任。社員たちには、次のように呼びかけた。

「僕は技術的なことはわからないし、経理もできない。皆さんが僕をだまして儲けようとすれば、いとも簡単にだまされてしまうだろう。でもそれでは会社は潰れてしまう」

この後に続けたのが、冒頭の言葉である。とにかく従業員を信じること。その信頼感が、世界有数のカメラメーカー「Ｃａｎｏｎ」を作り上げたのである。

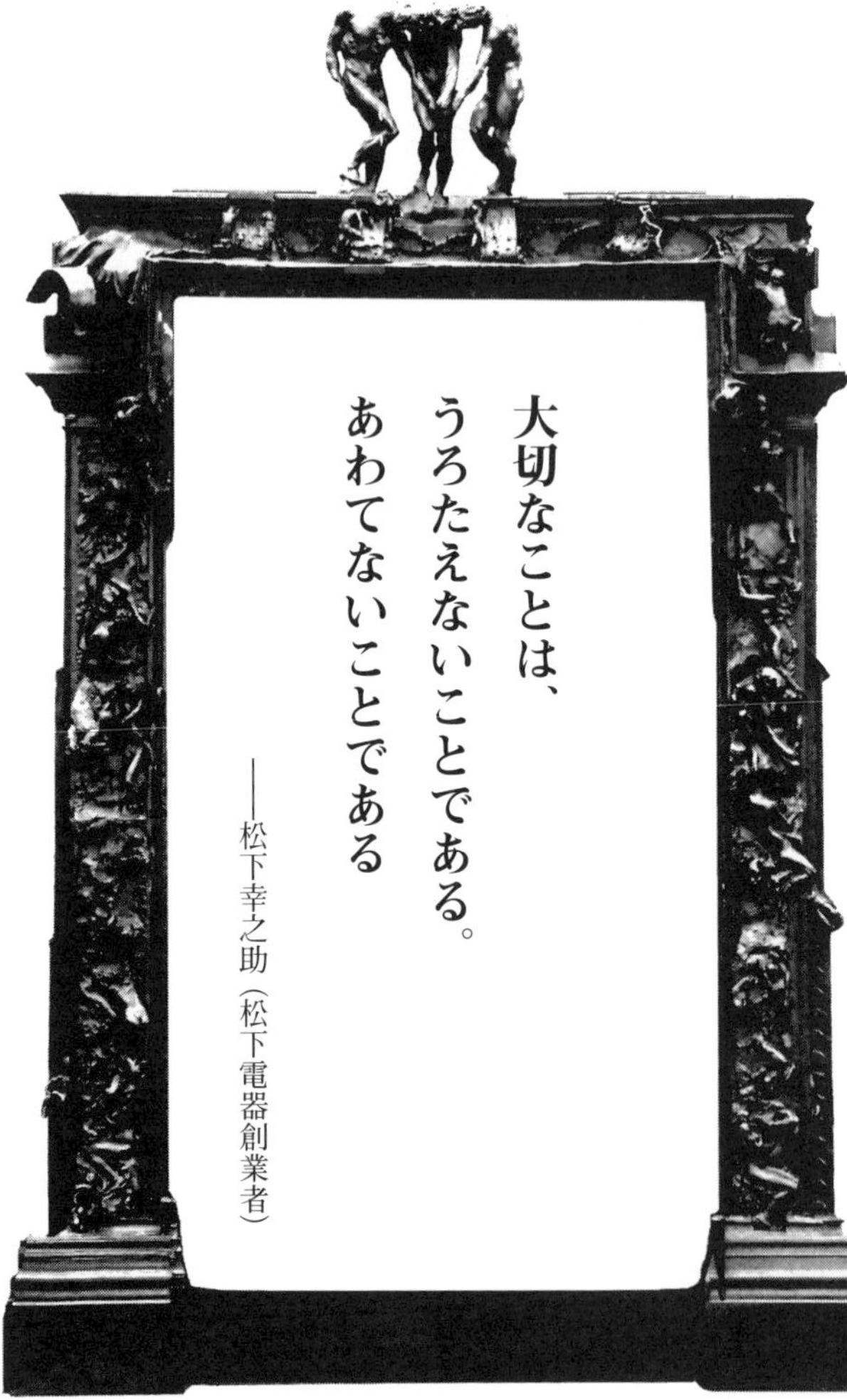

大切なことは、
うろたえないことである。
あわてないことである

——松下幸之助（松下電器創業者）

「経営の神様」と呼ばれる松下幸之助。たった一代で松下電器（現：パナソニック）を創業し、一大メーカーへと育て上げたが、その人生は逆境の連続だった。

22歳で思い切って独立したものの、新しい電球ソケットは全く売れずに生活は困窮。仲間は次々と辞めてしまい、妻は質屋で着物を売り払ったこともあった。

アタッチメントプラグ、二股ソケット、自転車ランプと様々なヒット商品を世に送り出して経営を軌道に乗せたかと思えば、世界大恐慌に襲われて売り上げが半減。各社がリストラを進めるなか、幸之助は勤務を半日にして生産を半分にしながらも、休日返上で在庫の販売にあたらせることで、一人のクビを切ることもなく、未曾有の大恐慌を乗り越えた。

その後も、家電製品の売り上げが伸び悩み、全国の販売店・代理店の多くが赤字経営に陥ると、「血のしょんべんがでるほど努力しましたか」と叱咤激励。70歳を間近にして、会長職から営業本部長として現場に復帰したこともあった。

苦境に陥って、自分らしさを失いそうなときは誰にでもあるだろう。そんなとき、この幸之助の言葉を思い出したい。

たびたび、直感が、たのみの綱になる

——ビル・ゲイツ（マイクロソフト社創業者）

世界有数の大富豪ビル・ゲイツは、アメリカのワシントン州に生まれたマイクロソフトの共同創立者。13歳で初めてプログラミングを書くなど、早くからコンピューター事業に着目していた。

友人とマイクロソフト社を創立したのは、19歳のときだ。ハーバード大学在学中だったが、事業に専念するために中退。ＭＳ‐ＤＯＳやＯＳ市場のほとんどのシェアを牛耳るWindowsを作り出した。

実はゲイツは高校時代にも一度、Traf-O-Dataという事業に取り組んでいる。交通量をコンピューターで計測する事業だったが、機械の売り上げが振るわずに失敗。マイクロソフト社を創業したときは、すでに起業の経験も、そして失敗の経験もしていたということである。

この言葉にあるように、困難が立ちはだかったとき、ゲイツは自分の直感を大切にした。

誰よりも早く挑戦し、誰よりも早く失敗することで、その直感が磨かれたに違いない。

20代で名乗りを上げ、
30代で軍資金を最低で１０００億円貯め、
40代でひと勝負し、
50代で事業を完成させ、
60代で事業を後継者に引き継ぐ

——孫正義（ソフトバンクＨＤ創業者）

ソフトバンクグループの創業者・孫正義の人生は、波乱万丈である。

久留米大学附設高校を中退して単身で渡米。カリフォルニア大学バークレー校在学中に、音声装置付きの多国語翻訳機の試作機を開発し、シャープから1億円で買い取られた。日本ソフトバンクを設立したのは、帰国後の１９８１年のこと。まだ孫が26歳のときのことである。

ソフトウェアの卸売業や出版業などをスタートさせ、順風満帆そのものに思えたが、重い慢性肝炎を患ってしまう。入退院の繰り返しは3年にも及んだが、孫は開き直って読書に没頭。その間に借金もできたが、あせらずに、再起のタイミングを待ち続けた。

転機はネットバブルの崩壊前に、米国Yahoo!社に出資したこと。Yahoo!は急成長し、孫は多額の資金を獲得。それを元手に金融、証券、ベンチャーキャピタル、通信事業、放送事業、球団経営など様々な分野へと進出を果たした。

一見して行き当たりばったりのようにも見えるが、孫には「人生50年計画」があった。それがこの言葉である。

先のことばかり考えても仕方がないが、大枠な目標を定めることはやはり重要だ。逆風を受けたときに自分を見失わないためにも。

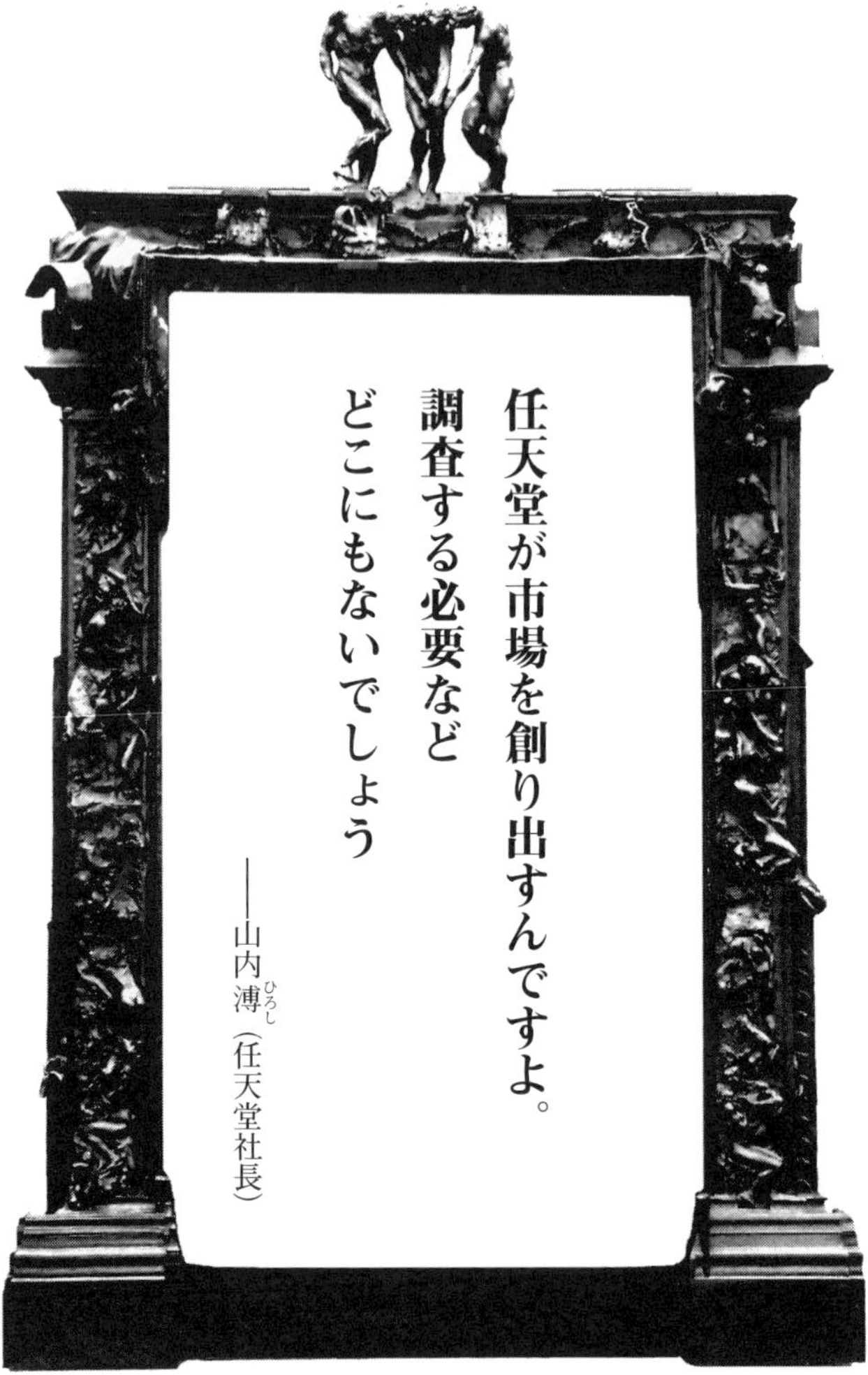

任天堂が市場を創り出すんですよ。
調査する必要など
どこにもないでしょう

——山内溥《ひろし》（任天堂社長）

任天堂の元社長・山内溥《ひろし》が、社長に就任したのは、早稲田大学法学部に在学中の22歳のときだ。2代目社長の祖父が急死したためである。今でこそ次世代機「Nintendo Switch」で知られる任天堂だが、当時は小さなトランプ・カルタメーカーに過ぎなかった。

しかし、山内がゲーム&ウォッチでヒットを飛ばすと、任天堂はゲームメーカーとして次々とムーブメントを仕掛けていく。家庭用ゲーム機「ファミリーコンピュータ」はあっという間に知れ渡り、ソフトと同時に爆発的に売り上げを記録。その後もゲームボーイ、スーパーファミコンとハード機を次々と投入した。ゲーム業界を常にリードしてきた山内の市場調査に対する考え方が、この言葉には表れている。

退任後は中途入社2年目、42歳の岩田を社長に大抜擢。3代続いていた一族経営に終止符を打って周囲を驚かせたが、アウトローな山内らしい判断だと言えるだろう。

自分の火種には、
自分で火をつけて燃え上がらせよう

――土《ど》光《こう》敏《とし》夫《お》（経団連会長）

出口の見えない大不況のなか、国の借金は雪だるま式に増えて、労働問題や年金問題などの課題も山積み。そんな暗澹たる日本社会において、登場を求められているのは、経団連会長を務めた土光敏夫《どこうとしお》のような人物だろう。

中学受験には3度も失敗。東京高等工業学校機械科を卒業後は、東京石川島造船所（現：ＩＨＩ）に就職して、タービンの設計に打ち込んだ。

その後は石川島播磨重工業や東芝の社長を務め、経営の立て直しに成功。経団連・臨時行政調査会会長を歴任し、日本全体の財政再建と行政改革に命を捧げた。食生活ではメザシを愛し、質素な生活を送ったことでも知られている。

様々な改革を実行しては「ミスター合理化」とも呼ばれた土光。「他の人から、もらい火するようではなさけない」と言い、この言葉を続けた。

まず、私たちが美しくなろう。
お客様が支持してくださるのは
そのときです

――福原義春（資生堂社長）

1872年の創業以来、国内屈指の美容メーカーとして成長を続ける「資生堂」。その創業者・福原有信の孫であり、第10代取締役社長を務めたのが、福原義春である。

福原は子どもの頃から体が弱く、小児ぜんそくを患い、決して目立つ存在ではなかった。慶應義塾大学経済学部を卒業後、資生堂へ入社。一介の新入社員からスタートして経験を積んだ。資生堂アメリカ法人の社長時代は、商談から雑務にいたるまで、一人で何役もこなしたという。

福原はアートにも造詣が深く、美術品のコレクター、写真家としても知られている。本当の「美」とは何かを追求する、美容メーカー代表としての誇りを感じさせる福原の言葉。

それは世間の評判だ

――ジョージ・イーストマン（コダック創業者）

世の中に存在しないものを創造するのは困難だが、一部の人にしか使われていないものを大衆化する方法ならば、技術を磨けば道は拓ける。自動車を改良して安価で提供したヘンリー・フォードしかり、そして誰でも簡単に撮影できる写真機材を開発したジョージ・イーストマンも、そのパターンで成功した経営者である。

コダックを創業したイーストマンは、保険会社や銀行など、もともとは写真と無縁の世界で働いていた。写真はプライベートの趣味に過ぎなかったが、1880年に乾板とその製造機の特許を取得したことで、事業として羽ばたくことになる。

しかし、新しいビジネスには思わぬ失敗がつきもの。乾板に不良品が出ると、イーストマンはすぐさま回収して、すべて交換した。

「不良品の対策を終えたあと、会社には1ドルも残っていなかった。しかし、それよりもはるかに大切なものが残った」

そう言った後に、イーストマンが続けた言葉がこれだ。

会社でも個人でも、失敗したときはむしろチャンスかもしれない。周囲が注目するなか、どう振る舞うかで、仕事への姿勢を周囲に伝えることができる。

守りを固めることこそが
最強の攻めなのです

——松浦元男（樹研《じゅけん》工業創業者）

松浦元男は１９３５年、名古屋市生まれ。愛知大学を卒業後、地元のセロファンの会社にいったんは就職したが、30歳のときに樹研工業《じゅけん》を設立。技術開発に力を注ぎ、１００万分の１グラムという世界最小の歯車を作ることに成功した。

樹研工業の特徴は高い技術力だけではなく、他社とは一線を画した組織システムを導入したことにもある。「定年制なし」「出勤簿なし」「残業は自己申告」「人事評価なし」「給料は完全年功序列」……など、社員の生活を大切にする経営システムを積極的に取り入れた。

不況で自動車・家電向けの売り上げが落ち込み、赤字経営となった時期には、松浦は一人もリストラすることなく、経費は削減どころか、むしろ積極的に使うように推奨。設備投資を惜しまず、社員教育も強化するなど、極小精密部品のトップメーカーとして、逆風の時代にも攻め続けた。

そんなことが可能なのも、第一次石油危機のあった１９７４年５月期を除き、長きにわたって黒字経営を続けてきたからこそ。景気が良いときに攻め過ぎず、きちんと貯蓄していたことについて、松浦はこのように語った。

守るべきところと攻めるべきところが、逆転していないか。考えさせられる言葉である。

人に頼むすべさえ身に付けておけば、
人生を切り抜けられる

——ポール・オーファラ（キンコーズ創業者）

キンコーズを創業したポール・オーファラ。当初、そのオフィスは、形ばかりのものだった。コンピューターはもちろん、書類もファイルも皆無で、机の引き出しにも何もない。ポールは多動性難読症で、文字の読み書きができなかったからだ。

アルファベットを覚えられないことから小学2年生を落第したポールは、小学校を8回転校。４校で放校処分を受けていたが、その頃から、いつか事業を立ち上げることを考えていた。

コピー事業に目をつけ、１９７０年にカリフォルニア州でキンコーズ1号店を開業。まだコピー機が普及していない時代に、大学生の立場だからこそ、そのニーズを嗅ぎ分けることができた。キンコーズが世界中に店舗を抱える大企業へと成長していったことは、今、日本の街を見渡しても分かるだろう。

なるべく業務にはタッチせず、自分が考える時間を確保したポール。本部オフィスをあえて不在がちにすることで、スタッフだけで問題を解決させるようにしていた。

これは、人と人とのつながりを大事にしたポールらしい言葉。

モノを大切にするお年寄りの
気持ちに応えたかったんです

——十河《そごう》孝男《たかお》（徳武《とくたけ》産業会長）

香川県のシューズメーカーである徳武《とくたけ》産業は、ユニークなビジネスで業績を伸ばしたことで知られている。

それは、片足だけのシューズの販売――。

経営者の十河孝男《そごうたかお》は2年間にわたって、30施設の５００人もの高齢者に話を聞いた。その結果、左右の足のサイズが異なる人が、大きいほうの足にそろえた靴を履いているため、転倒する傾向にあることが判明。その調査を元に、十河は片足・左右違いの靴の販売へと踏み切った。さらに、つま先に角度を付けたつまずきにくい靴なども開発した。

当初はなかなか市場が広がらなかったが、顧客の要望を取り入れながら、徐々に業績を伸ばしていった。今や累計５００万足を売り上げる、高齢者用靴のトップ企業へと成長している。

前代未聞の挑戦に、周囲からは無謀だという忠告も受けたが、十河の信念が変わることはなかった。その理由について語ったのが、この言葉である。

社会貢献への熱い気持ちが、思わぬ利益へとつながることもある。

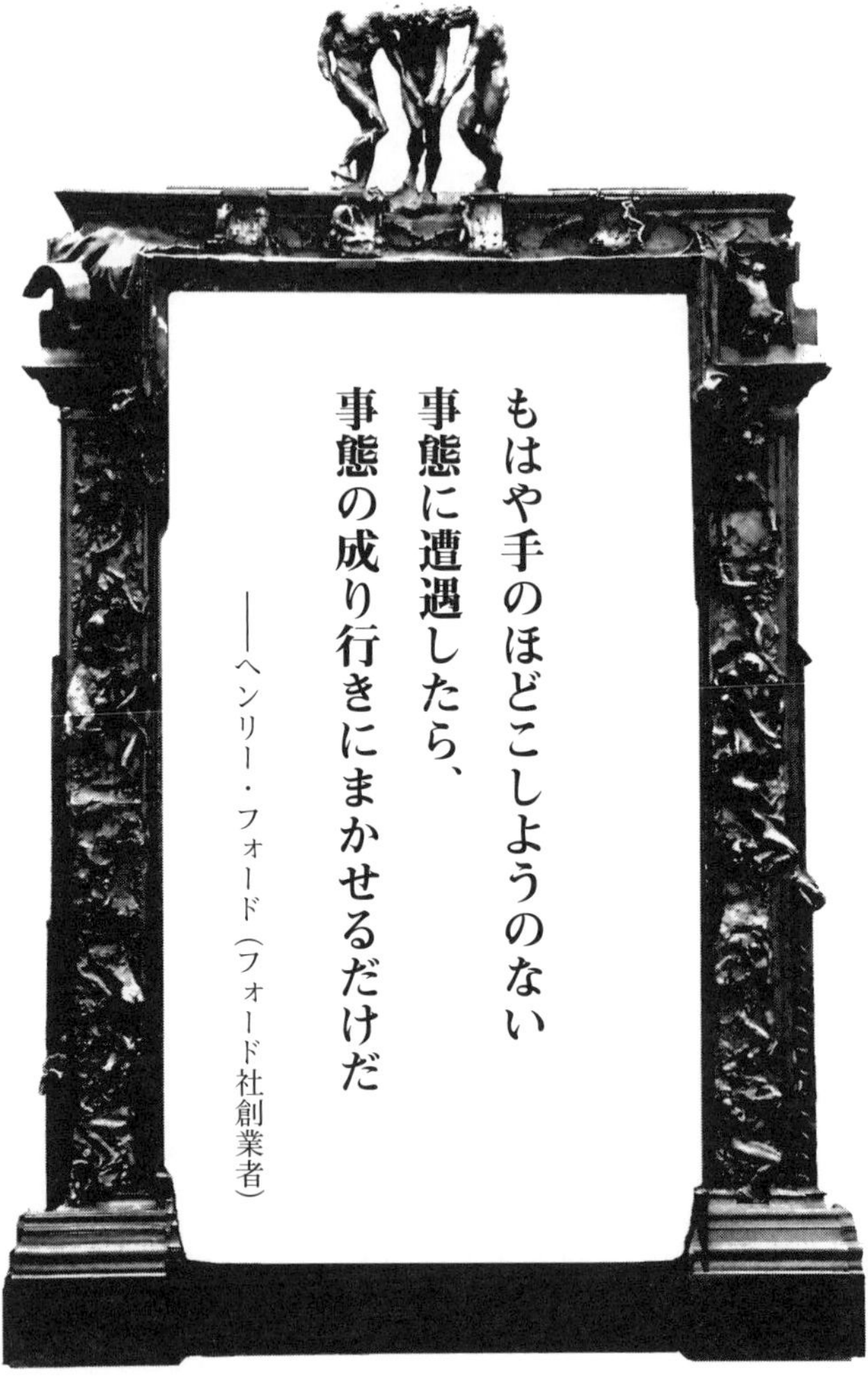

もはや手のほどこしようのない
事態に遭遇したら、
事態の成り行きにまかせるだけだ

——ヘンリー・フォード（フォード社創業者）

フォード社の創業者、ヘンリー・フォードは、自動車の製品開発を通じて、人々のライフスタイルそのものを変革してしまった。

自動車作りに打ち込むために、37歳で電燈会社を辞職。フォードの夢は、一部の金持ちの乗り物に過ぎない自動車を、大衆に向けて作ることだった。

１９０３年、フォードは記者たちの前で「1万台の車を生産し、1台４００ドルで売り出す」とぶちあげた。さらに部品はすべて自社製で、色は黒一色のみという前代未聞の試みを発表した。

驚いたのは記者だけではない。フォードは誰にも相談せずに、このことを発表してしまったのだ。ビジネスパートナーは去っていったが、新自動車「T型フォード」は、全世界で大ヒット。大量生産方式を導入して、自動車革命をやってのけた。

自分のやりたいことを決して曲げず、人間関係ではトラブル続きだったフォード。周囲との摩擦も気にせず、自分のスタイルを貫いた男の言葉がこれだ。

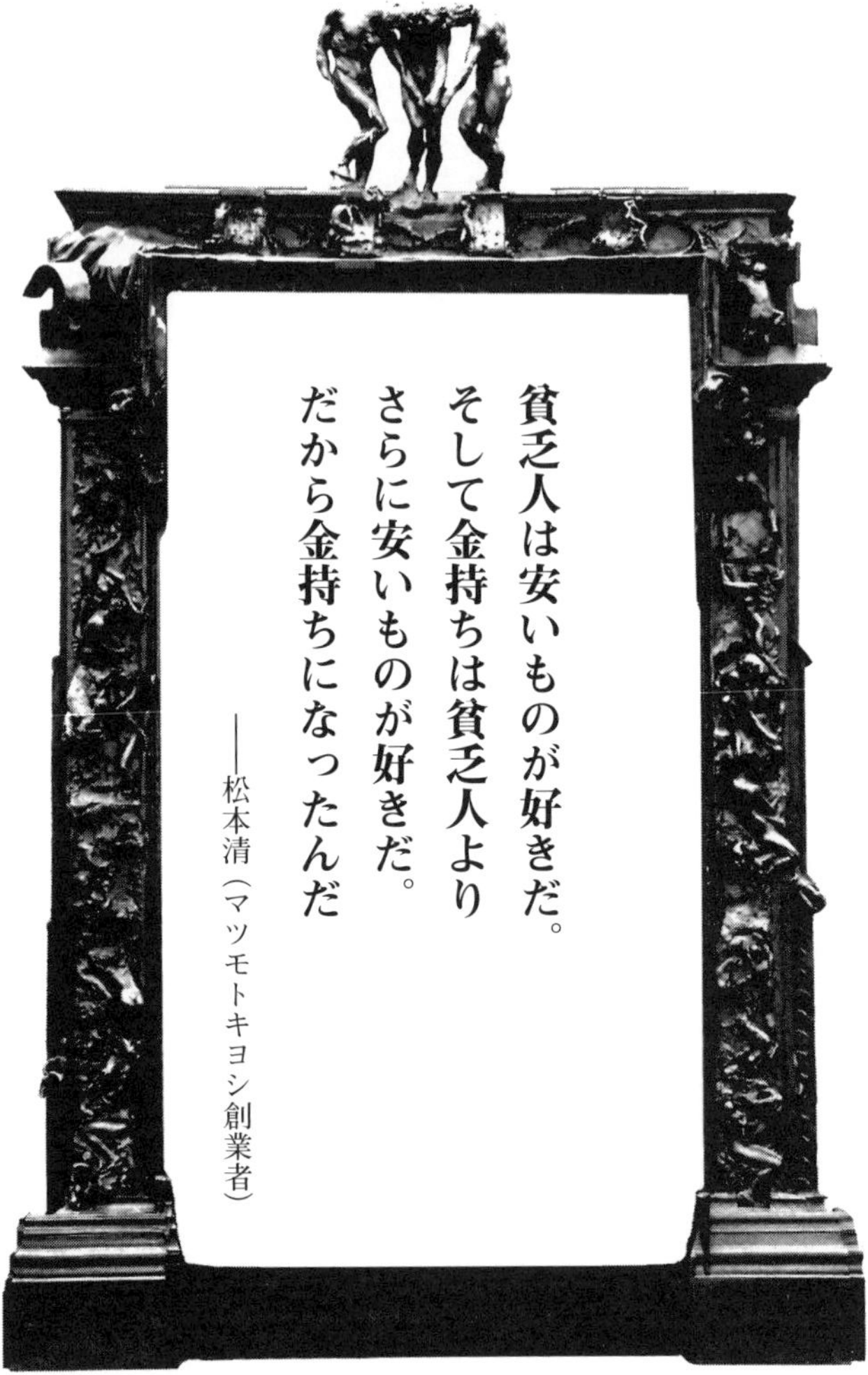

貧乏人は安いものが好きだ。
そして金持ちは貧乏人より
さらに安いものが好きだ。
だから金持ちになったんだ

——松本清（マツモトキヨシ創業者）

松本清は１９０９年、千葉県東葛飾郡湖北村《こほくむら》（現：我孫子市）生まれ。ドラッグストアチェーン大手の「マツモトキヨシ」の創業者。

幼い頃に父を亡くした松本は、尋常高等小学校を卒業後、薬局に丁稚奉公へ。そこでの働きぶりが認められ、薬学専門学校の夜学へ通学させてもらうことになる。

23歳のときに薬の販売資格を取得すると、松戸市の北小金駅近くに「クスリと化粧品・松本薬舗」を開店。一方で１９４２年、33歳のときには町会議員となり、５年後には千葉県議会議員選挙に立候補し、見事に当選を果たすことになる。

店名を現在のルーツとなる「薬局マツモトキヨシ」に変えたのは１９５４年。選挙のときに、自分の名前を連呼していたことから、思いついたという。

１９６９年には松戸市長となり、「すぐやる課」、「おせわ課」、「しあわせ課」などユニークな課を作ったことでも有名となった。

貧しい境遇にもめげずに立身出世を果たした、苦労人らしい言葉。

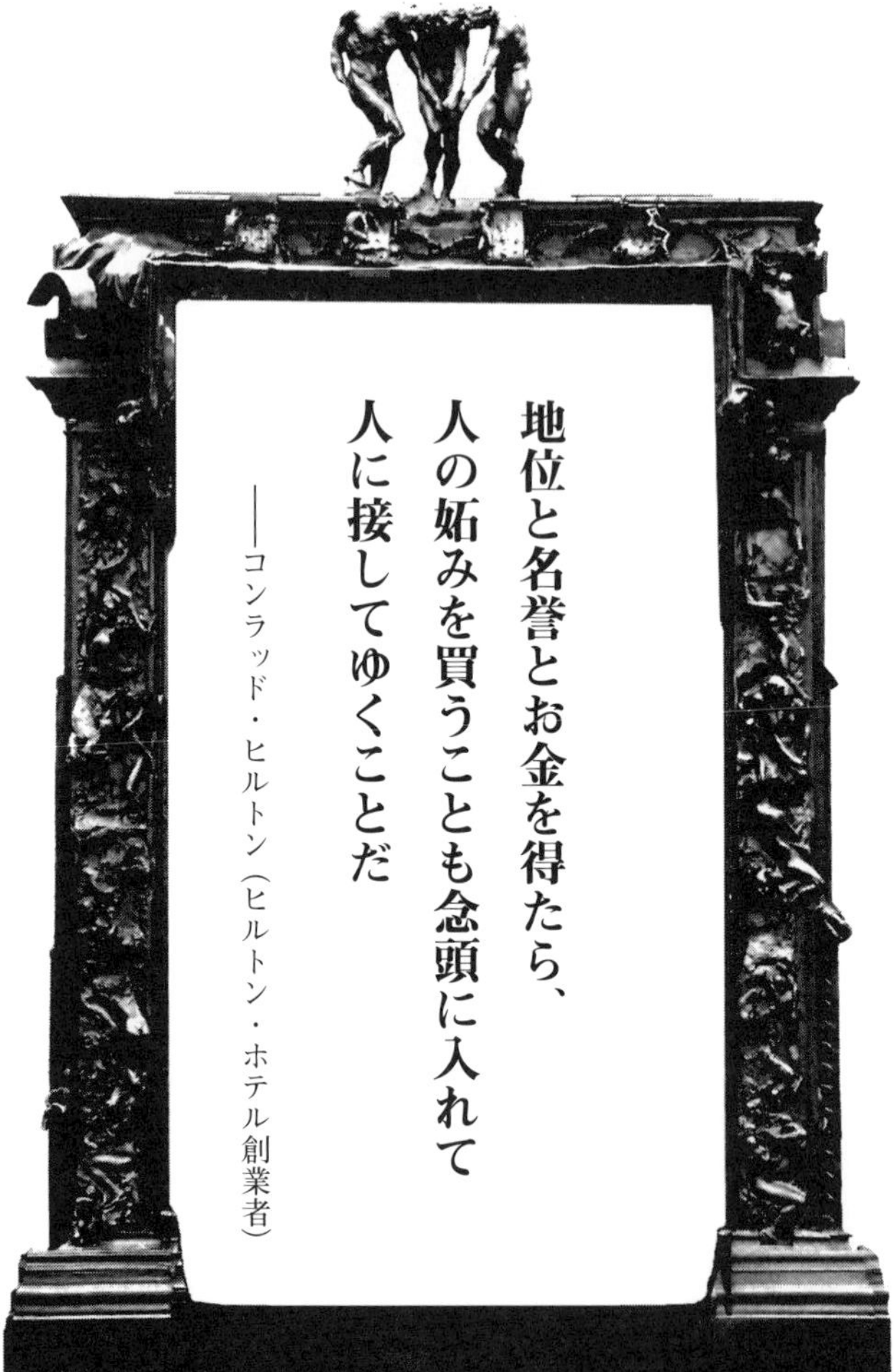

地位と名誉とお金を得たら、
人の妬みを買うことも念頭に入れて
人に接してゆくことだ

——コンラッド・ヒルトン（ヒルトン・ホテル創業者）

１９２９年の世界大恐慌で苦境に立たされた経営者は実に多い。未曾有の大混乱のなか、大きな勝負に出たのが、コンラッド・ヒルトンだ。

ヒルトンは20歳のときに、雑貨店を営む父親が自宅をホテルに改造したことから、ホテル業へ。客からのチップで資金を貯め、最初は銀行を設立しようとしたが、実現しなかった。

代わりに偶然、売りに出ていたテキサスのホテルを買収。恐慌後は大ホテルを無料同然の値段で買いまくり、大チェーン展開を行った。

コスト削減を徹底し、ホテルの運営のみを専門業者に任せる「マネージメントコントラクト」という経営手法で、ホテル王へとのし上がったヒルトン。

この言葉は、富と名声を得た男ならではの処世術と言えるだろう。

僕なら校長先生よりも
この学校をうまく運営してみせる

——リチャード・ブランソン（ヴァージン・グループ会長）

リチャード・ブランソンは、ヴァージン・レコードの創設者。セックス・ピストルズ、カルチャー・クラブ、マイク・オールドフィールドなどの数々の人気ミュージシャンを輩出。音楽業界に新風を吹き込んだが、それだけではない。航空業、出版業、個人金融サービス業、鉄道業、インターネット業、ブライダル業……と多岐にわたる事業で成功を手中に収めた。コンドームやコーラの販売にまで手を出している。

ブランソンはマスコミの話題作りにも長けており、熱気球による無着陸世界一周に挑戦したり、山中で裸になってスキーをしたりするなど、自らが広告塔となり、その存在感をＰＲした。

幼少時代は学習障害の「難読症」に悩まされたブランソン。初級の数学の試験には３回も落第したが、ゆるぎない自信でこう断言した。

「僕なら校長先生よりもこの学校をうまく運営してみせる」

口だけではなく、実際に校則の改定を申し出たところが有言実行のブランソンらしい。当の校長は、ブランソンについて「大金持ちになるか、刑務所に入るかのどちらかだろう」と語っていたという。

多くの人は人の成功をねたみ、
反感を持ち、誤解する。
ねたみや反感や誤解されるのが
いやだったら、何もしないで
役に立たぬ人間になるだけだ

――正力《しょうりき》松《まつ》太郎《たろう》（読売新聞社社長）

１９５９年、初のプロ野球天覧試合として天皇・皇后両陛下が後楽園球場の巨人―阪神戦を観戦した。試合は、長嶋茂雄によるサヨナラホームランという劇的な幕切れで、日本に野球人気を浸透させる大きなきっかけとなった。

そんな大舞台を企画・実行した男が、読売新聞社の社長にして、日本テレビ放送の設立者、正力松太郎《しょうりきまつたろう》である。

「勝負には一度も負けたことがない」と豪語した正力にも、他人には触れられたくないような、苦い過去があった。東京帝国大学を卒業後は内務省へ入り、警視庁警務部長まで出世するが、１９２３年の虎ノ門事件での警備不備の責任を問われて、懲戒免官されてしまう。読売新聞社の社長に就任したのは、その翌年のことである。

「もっとも重要なことは、自分ひとりで決めるべきだ」

その言葉通り、ワンマンなやり方から反感を買うことも多かった正力。本人はどこ吹く風で、冒頭のような言葉を残している。物事を大きく変えるには誤解を恐れず、突き進むことも必要なのかもしれない。

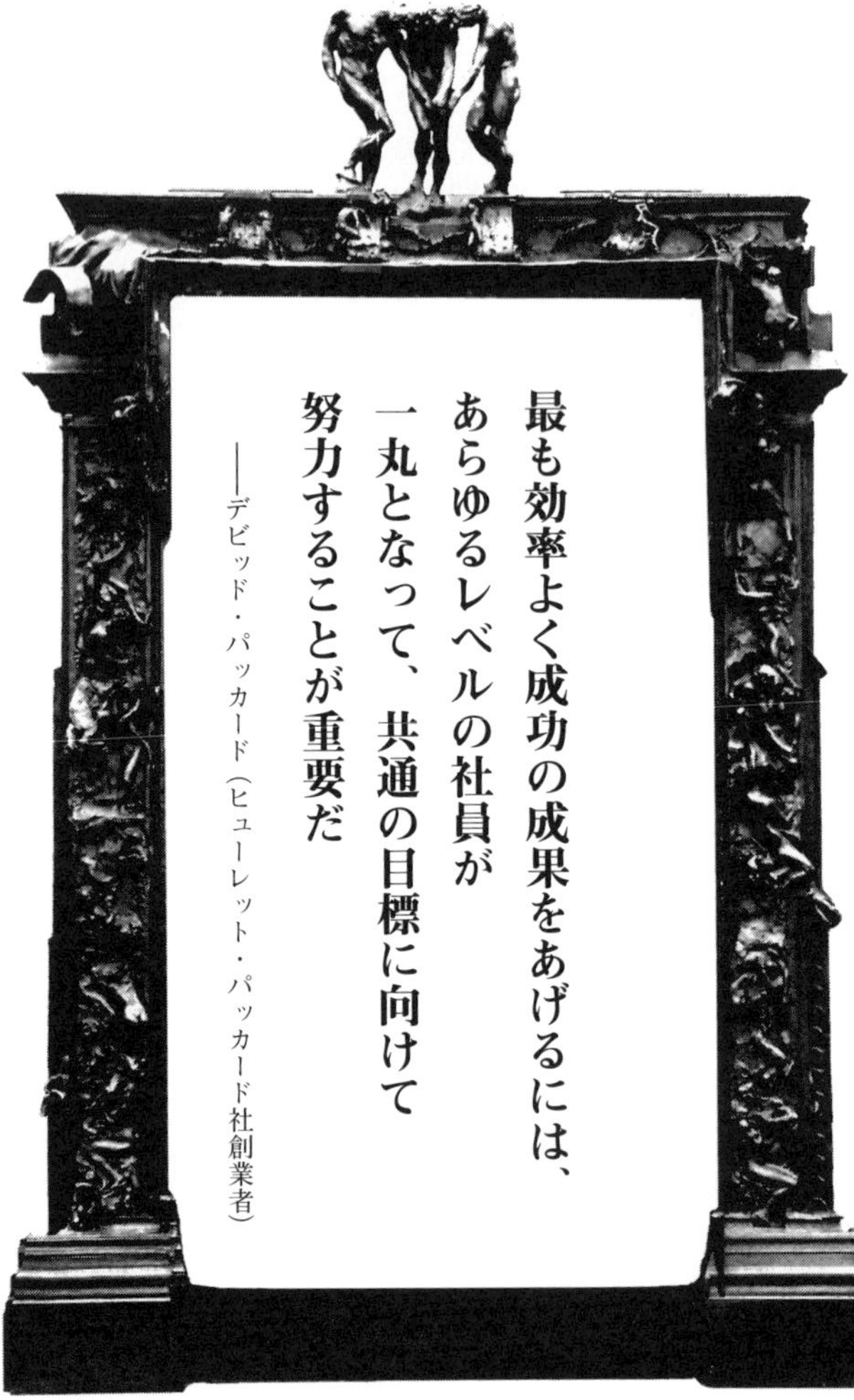

最も効率よく成功の成果をあげるには、
あらゆるレベルの社員が
一丸となって、共通の目標に向けて
努力することが重要だ

——デビッド・パッカード（ヒューレット・パッカード社創業者）

デビッド・パッカードは１９１２年、アメリカのコロラド州生まれのヒューレット・パッカード社の共同創業者。物心ついたころから機械いじりが好きだったため、電気工学を学ぼうとスタンフォード大学に入学。在学中に長きにわたりビジネスパートナーとなる、ウィリアム・ヒューレットとの出会いを果たす。

大学卒業後は、大恐慌の影響によって起業どころではなく、就職難に苦しめられるが、GEでの就職に漕ぎ着けた。特別研究員としてスタンフォードに戻ると、就職せずに大学院に進学したウィリアムと、事業を起こすことを決意。お互いの姓から社名をつけて、１９３９年にヒューレット・パッカード社を設立した。

起業時の資本金はたったの５３８ドルで、小さなガレージを借りてのスタートだった。ウィリアムは回路設計、デビットは製造工程と電気製品の製造に打ち込んだ。商品第1号は、ヒューレットが開発したプロ向けのオーディオ発振器で、ウォルト・ディズニー社の技術者が8台購入している。

戦争によって一時は会社から離れたデビッドだったが、復帰後に業績は拡大し、１９４７年に社長に就任。これは、ベンチャー企業から、世界でも有数なコンピューター会社へと育て上げたデビッドの言葉である。一人でできることは限られているが、大勢の力を結集させれば、大事業を成し遂げることもできる。

どうしても良い酒を造る

——秋香翁《しゅうこうおう》（菊政宗当主）

江戸時代、上方から江戸へと運ばれた酒は「下り酒」と呼ばれ、多くの庶民たちに喜ばれた。逆に関東の酒は「下らぬ酒」と呼ばれて、「価値がない」という意味の「くだらない」という言葉の語源になっている。

１６５９年、菊正宗酒造の前身となる本嘉納《ほんかのう》商店が神戸で創業される。造った酒のほとんどを下り酒として、灘地域を大きな銘醸地として発展させた。辛口ブランドとして知られる「菊正宗」を世に送り出したのは、８代目の秋香翁《しゅうこうおう》である。

秋香翁は、巨額な設備投資や技術育成によって、酒質を向上させた。酒蔵のレンガの断熱効果を高めたり、ドイツ製の顕微鏡をいち早く導入したりするなど、これまでの勘頼みだった酒造技術の近代化を推進。国内が不況に陥った１９０２年には、輸出比率を50%まで引き上げて苦境を乗り切っている。

秋香翁の改革はすべて「どうしても良い酒を造る」という強い信念に基づいたものだった。

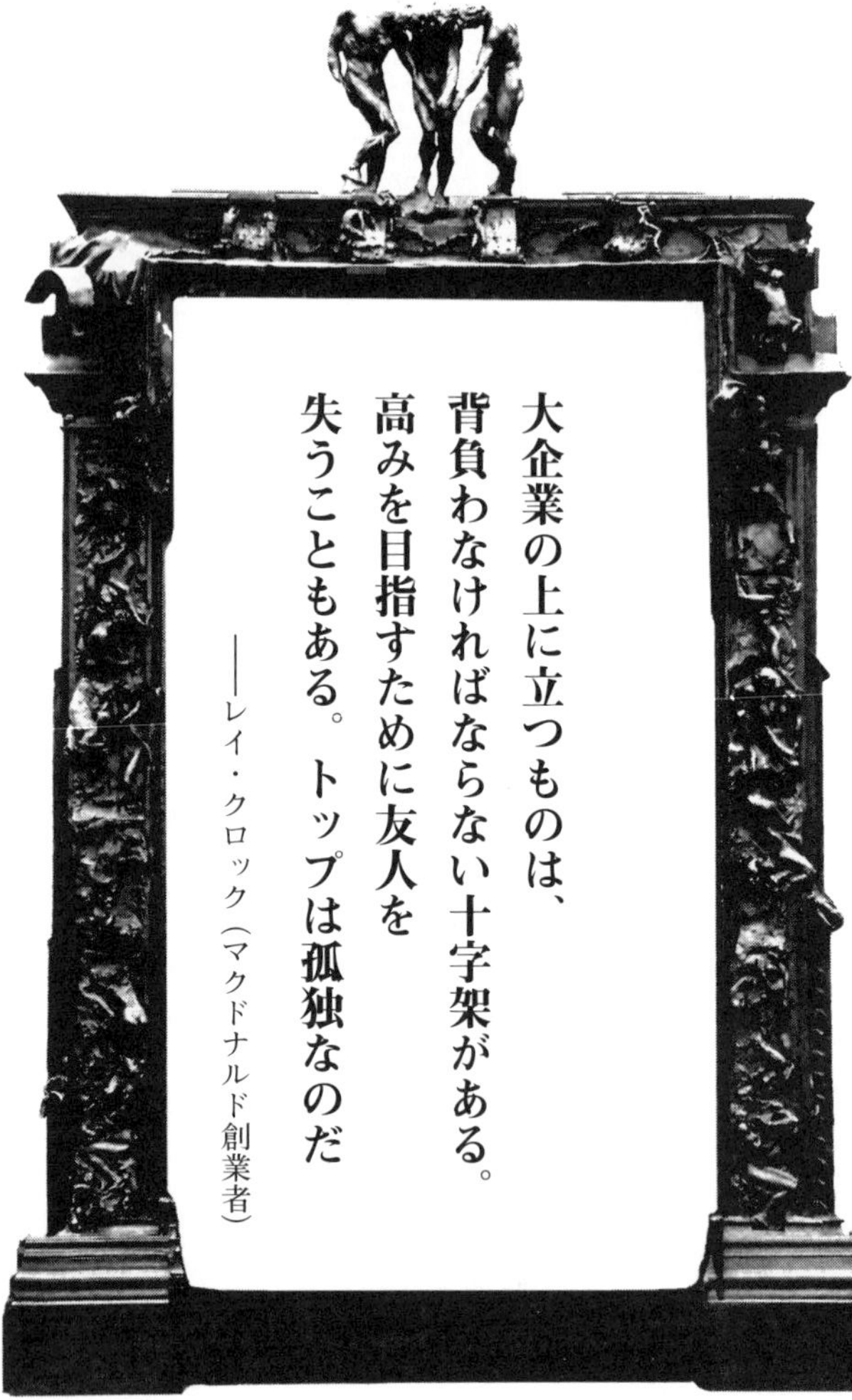

大企業の上に立つものは、
背負わなければならない十字架がある。
高みを目指すために友人を
失うこともある。トップは孤独なのだ

――レイ・クロック（マクドナルド創業者）

店名が示す通り、マクドナルドを創業したのはマクドナルド兄弟だが、実質的な創業者はレイ・クロックだと言われている。

セルフサービスや材料の標準化などの経営手法に感銘を受けたレイは、マクドナルド兄弟から株式を２７０万ドルで購入。「品質」「サービス」「清潔さ」「価格」の４本柱を徹底し、マクドナルドのフランチャイズチェーン化に全力を尽くした。その結果、世界中に店舗が拡大され、各国の食文化にも少なからず影響を与えた。

しかし、成功の華々しさとは裏腹に、その挑戦は孤独な戦いの連続だった。妻は起業に大反対。マクドナルド兄弟にフランチャイズ権を勝手に第三者に売却されてしまうという信じがたいトラブルにも遭った。さらに、創業時からの片腕だったパートナーとも会社が大きくなるにつれて確執が生まれ、結局別々の道を歩むことになった。

これは、他人との軋轢を乗り越えて、世界一の億万長者となったレイ・クロックの言葉。

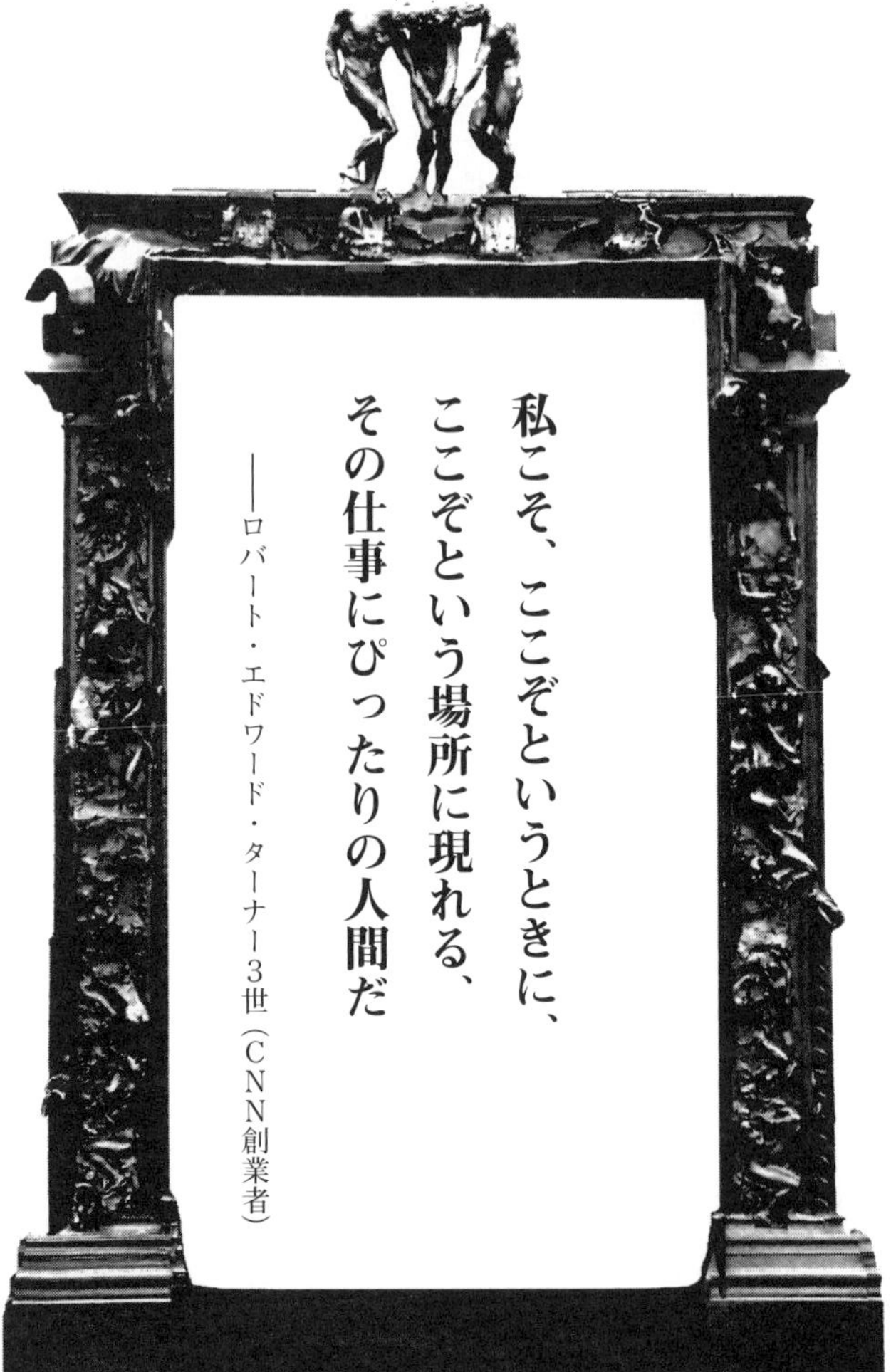

私こそ、ここぞというときに、
ここぞという場所に現れる、
その仕事にぴったりの人間だ

――ロバート・エドワード・ターナー３世（ＣＮＮ創業者）

いつ、どんなタイミングで社長になるかは、経営者によって人それぞれだ。

ロバート・エドワード・ターナー３世の場合は、広告看板業を営む父親の死がきっかけだった。父親は、ストレスが原因で拳銃自殺をした。24歳の若者にとっては過酷な現実だが、それを機に父が営むターナーアドバタイジング社の社長兼ＣＯＯとして、経営者の道を歩み始めたのである。

ターナーは父の事業を多角化させるべく、ＵＨＦ局のチャンネル17を買収。テレビ分野へと進出すると１９８０年には、24時間ニュース専門番組「ＣＮＮ」を立ち上げた。前代未聞の試みに、多くの評論家が酷評するなか、ターナーが放った言葉がこれだ。

その言葉通り、神出鬼没のターナーは様々な企業買収を仕掛けた。そのすべてが成功したわけではないが、ＣＮＮ創設に関しては大成功だったと言えるだろう。湾岸戦争の報道では、国民をブラウン管の前にくぎ付けにした。

２０２３年にはマーク・トンプソンがＣＥＯに就任。デジタル戦略や組織再編打ち出しながら「ＣＮＮの歴史に新たな1ページを刻むにあたり、テッド・ターナー氏を見習ってほしい。自信をもって築いていこう」とスタッフにメッセージを送った。

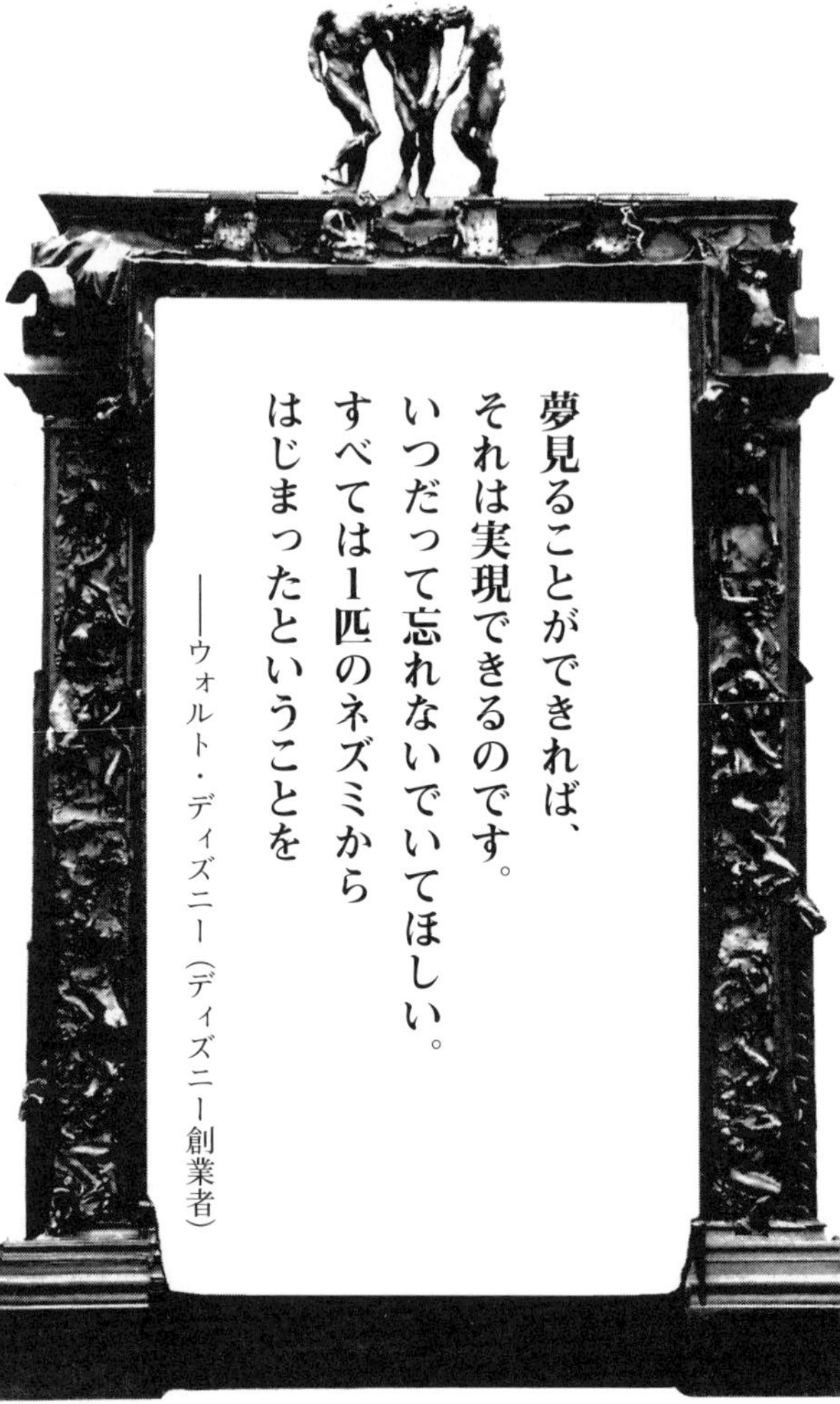

夢見ることができれば、
それは実現できるのです。
いつだって忘れないでいてほしい。
すべては1匹のネズミから
はじまったということを

――ウォルト・ディズニー（ディズニー創業者）

世界で最も有名なテーマパーク「ディズニーランド」。

子どもから大人までリピーターに愛される遊園地として大人気だが、創業者のウォルト・ディズニーがその計画を提案したときは、周囲から大反対に遭った。

なにしろ、ウォルトは「ミッキーマウス」や「白雪姫」などアニメーションの世界ではヒットメーカーだったが、遊園地の建設については全くの素人。誰もが失敗すると止めたが、ウォルトは聞く耳を持たず、生命保険を担保に10万ドルを借りて別荘も売却。従業員からも融資を受けながら資金を調達し、夢の国の建設を実現させた。

ミッキーマウスも当初は反響がなかったが、音声を入れたところ大ヒット。無声映画が常識だったため、音声アニメなど誰もが不可能だと考えてこのときも周囲は非協力的だった。さらに、アニメーションのカラー化や長編アニメの作成など、ウォルトがこれまでの常識を覆そうとしたとき、必ず現場からは猛反発を受けた。

もしウォルトが協調性に重きを置く経営者ならば、ミッキーマウスも、ディズニーランドも生まれなかっただろう。夢はすべて実現できると信じた男の言葉。

【主要参考文献】

「安藤百福のゼロからの「成功法則」―人生に遅すぎるということはない」鈴田孝史（かんき出版）／「起業の神様―市村清の実像」市村茂人（中経出版）／「サイゼリヤ革命―世界中どこにもない〝本物〟のレストランチェーン誕生秘話」山口芳生（柴田書店）／「40歳から成功した男たち」佐藤光浩（アルファポリス文庫）／「ドトールコーヒー「勝つか死ぬか」の創業記」鳥羽博道（日経ビジネス人文庫）／「私の履歴書」塚本幸一（日本経済新聞社）／「塚本幸一　―わが青春譜」塚本幸一（日本図書センター）／「渋谷ではたらく社長の告白」藤田晋（幻冬舎文庫）／「最後の相場師是川銀蔵」木下厚（彩図社）／「稲盛和夫のガキの自叙伝―私の履歴書」稲盛和夫（日経ビジネス人文庫）／「お母さん社長が行く！」橋本真由美（日経ＢＰ社）／「スティーブ・ジョブズ 成功を導く言葉」林信行（青春新書 INTELLIGENCE）／「一勝九敗」柳井正（新潮社文庫）／「熱湯経営」樋口武男（文春新書）／「２００年企業　成長と持続の条件１８６」（日本経済新聞　２０１２年1月23日付）／「フレッシュネスバーガー手づくり創業記」」栗原幹雄（アスペクト文庫）／「日本一の変人経営者」宗次徳二（ダイヤモンド社）／「「問題は解決するために」、追悼・中山素平元興銀頭取」（nikkei BPnet　http://www.nikkeibp.co.jp）／「円高を逆バネ〝液晶ＴＶのシャープ〟秘話　辻晴雄さん」（産経新聞　２００８年３月24日付夕刊）／「若き天才　のぞく野心　フェイスブック上場申請」（日本経済新聞　２０１２年２月20日付）／「エジソン発明会社の没落」アンドレ・ミラード著、橋本毅彦訳（朝日新聞社）／「スターバックス成功物語」ハワード・シュルツ、ドリー・ジョーンズ・ヤング著、小幡照雄、大川修二訳（日経ＢＰ社）／「トップランナー by 大山泰弘」（WEDGE　２００９年６月号）／「しまむらとヤオコー」小川孔輔（小学館）／「経営はロマンだ！私の履歴書」小倉昌男（日経ビジネス人文庫）／「60周年記念講演」青井忠雄（東京都立新宿高等学校60周年記念誌）／「女興行師　吉本せい―」矢野誠一（中公文庫）／「井深大語録」井深大研究会（小学館文庫）／「私の履歴書」高原慶一朗（日本経済新聞　２０１０年３月13日付）／「マガジンハウスを創った男岩堀喜之助」新井恵美子（マガジンハウス）／「スパイス・ロード―香辛料の冒険者たち」山崎峯次郎（講談社）／「アマゾン・コムの野望―ジェフ・ベゾスの経営哲学」脇英世（東京電機大学出版局）／「道を開く」松下幸之助（ＰＨＰ研究所）／私は変わった変わるように努力したのだ―福原義春の言葉」福原義春（求龍堂）／「夢は、「働きがいのある会社」を創ること。―〝難読症〟を乗り越えて成功したキンコーズ創業者自伝」ポール・オーファラ、アン・マーシュ著、倉田真木訳

（アスペクト）／「成功の智恵―道をひらく名言・名句」江口克彦（ＰＨＰ文庫）／「「座右の銘」が見つかる本」今泉正顕（知的生きかた文庫）／「生きる財産となる名言大語録」今泉正顕（知的生きかた文庫）／「決断力」日本工業新聞社編（日本工業新聞社）／「カンブリア宮殿 村上龍×経済人」「カンブリア宮殿 就職ガイド―村上龍×73人の経済人」村上龍著、テレビ東京報道局 編（日本経済新聞出版社）／「心を揺さぶる名経営者の言葉」ビジネス哲学研究会（ＰＨＰ文庫）／「心に響く名経営者の言葉」ビジネス哲学研究会（ＰＨＰ文庫）／「「いいこと」がたくさん起こる名言セラピー」植西聰（知的生きかた文庫）／「人を動かす「言葉力」―プレジデント名言録「２００」選」（プレジデント社）／「日本経営者列伝―成功への歴史法則」加来耕三（学陽書房）／「世界で最も偉大な経営者」ダイヤモンド社編訳（ダイヤモンド社）／「その時歴史が動いた 心に響く名言集」ＮＨＫ『その時歴史が動いた』編（知的生きかた文庫）／「仕事力 白版」朝日新聞社（朝日文庫）／「いい言葉を喰らう！」樋口裕一監修（中経の文庫）／「ＴＩＭＥが選ぶ20世紀の１００人〈上巻〉」徳岡孝夫訳（アルク）／「社長力―話題の経営者たちの実力と品格」有森隆（草思社）／「最高の報酬 お金よりも大切なもの 働く人の名言集」松山太河（英治出版）／「大人養成講座番外編 お金を極める１００の名言 」石原壮一郎著、ザイ編集部編（ダイヤモンド社）

【ニッカウヰスキー】http://www.nikka.com/index.html
【ミキモト】http://www.mikimoto.com/
【壱番屋】https://www.ichibanya.co.jp/
【エスティ ローダー株式会社】http://www.estee.co.jp/index.html
【Princeton University】http://www.princeton.edu/main/
【江崎記念館】https://www.glico.com/jp/enjoy/experience/ezakikinenkan/
【菊正宗】https://www.kikumasamune.co.jp/
【ニッポンの社長】http://www.nippon-shacho.com/
【PingMag MAKE - 日本発ものづくりインタビュー・マガジン】http://make.pingmag.jp/J/
【ビジネス香川「いま」を伝え、「未来」を育てる bk-web】http://www.bk-web.jp/
※右に掲載した文献、ウェブサイトの他にも、多くの文章を参考とさせていただきました。

著者略歴
真山知幸（まやま・ともゆき）
著述家、偉人研究家。1979 年、兵庫県生まれ。2002 年、同志社大学法学部法律学科卒業。上京後、業界誌出版社の編集長を経て、2020 年より独立。偉人や名言の研究を行い、『偉人名言迷言事典』（笠間書院）、『泣ける日本史』（文響社）、『ひょんな偉人ランキング』（さくら舎）など著作 60 冊以上。『ざんねんな偉人伝』『ざんねんな歴史人物』（以上、学研プラス）は計 20 万部を突破しベストセラーとなった。名古屋外国語大学現代国際学特殊講義、宮崎大学公開講座などでの講師活動も行う。雑誌やウェブ媒体への連載も数多く持ち「東洋経済オンラインアワード 2021」のニューウェーブ賞、「東洋経済オンラインアワード 2024」のロングランヒット賞を受賞した。

逆境に打ち勝った社長 100 の言葉

2025 年 2 月 14 日　第 1 刷

著者　真山知幸

発行人　山田有司

発行所　株式会社彩図社
〒 170-0005
東京都豊島区南大塚 3-24-4 MTビル
TEL 03-5985-8213　FAX 03-5985-8224
URL：https://www.saiz.co.jp　https://x.com/saiz_sha

印刷所　新灯印刷株式会社

ISBN978-4-8013-0759-9 C0123

※本書は 2012 年 5 月 22 日に小社より刊行した『逆境に打ち勝った社長 100 の言葉』を再編集の上、文庫化したものです。